INVITO ALLA LETT

SEZIONE ITALIANA

Calvino

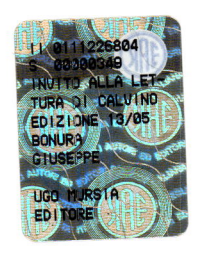

Il presente volume
è stato realizzato con la collaborazione
di MARIO MICCINESI

GIUSEPPE BONURA

Invito alla lettura
di
Italo Calvino

MURSIA

Il nostro indirizzo Internet è:
http://www.mursia.com

© Copyright 1972 Ugo Mursia Editore S.p.A.
Proprietà letteraria riservata - *Printed in Italy*
1291/AC - Ugo Mursia Editore S.p.A. - Milano
Stampato da DigitalPrint Service - Segrate

Anno	Ristampa
08 07 06 05	13 14 15 16

CRONOLOGIA

	Vita di Calvino	*Avvenimenti culturali*	*Avvenimenti storici*
1923	Italo Calvino nasce il 15 ottobre a Santiago di Las Vegas, un villaggio vicino all'Avana, Cuba, da genitori italiani. Il padre, agronomo, è di Sanremo, sua madre, anche lei laureata in scienze naturali, è sarda. Nel 1925 la famiglia ritorna in Italia, a Sanremo, nella Villa Meridiana che ospita la direzione della Stazione Sperimentale di Floricoltura.	*Svevo pubblica* La coscienza di Zeno. *Freud pubblica* L'Io e l'Es.	Continuano in Italia le violenze fasciste, limitazione della libertà di stampa, occupazione di Corfú.
1929-1942	Frequenta le elementari alle scuole Valdesi, le secondarie al Ginnasio-Liceo «G. D. Cassini», si iscrive alla Facoltà d'agraria dell'Università di Torino. I genitori, liberi pensatori, non gli impartiscono alcuna educazione religiosa. Legge	*Moravia pubblica* Gli indifferenti. *Escono:* L'urlo e il furore *di Faulkner,* Addio alle armi *di Hemingway. Nel 1930, Majakovskij si suicida. Escono anche: nel 1930,* Gente in Aspromonte *di Alva-*	Stipulazione dei Patti Lateranensi, crollo della borsa di New York, nel 1929. A Parigi, sempre nel 1929 si costituisce il movimento antifascista «Giustizia e Libertà». Nel 1933, Hitler sale al potere; nel 1936

Vita di Calvino	Avvenimenti culturali	Avvenimenti storici
1929-1942 Stevenson, Kipling, Nievo. Dal padre apprende i nomi degli uccelli, degli animali, delle piante, dei boschi.	ro, Fontamara *di Silone*, L'uomo senza qualità *di Musil*. *Nel 1931*, Piccola borghesia *di Vittorini* e La Madonna dei filosofi *di Gadda*. *Nel 1933*, Sentimento del tempo *di Ungaretti*. *Nel 1934*, Parole *di Saba*, Sorelle Materassi *di Palazzeschi*, Tenera è la notte *di Fitzgerald*. *Nel 1940*, Il deserto dei Tartari *di Buzzati*. *Nel 1942*, Lo straniero *di Camus*.	occupa la Renania e gli italiani conquistano l'Abissinia; scoppia la guerra civile in Spagna. Nel 1939 scoppia la seconda guerra mondiale; nel 1940 l'Italia entra in guerra. Nel 1941 i tedeschi invadono la Russia, e gli USA entrano nel conflitto. Nel 1942, a seguito del Patto di Washington, 22 paesi sono in lotta contro il tripartito.
1943-1945 Non si presenta alla chiamata di leva della Repubblica Sociale Italiana. Si aggrega ai partigiani della Brigata « Garibaldi » che opera nella zona delle Alpi Marittime. Insieme a lui è il fratello sedicenne. Per alcuni mesi i genitori sono trattenuti come ostaggi dai tedeschi. Aderisce al Partito Comunista Italiano.	*Escono:* nel 1943, L'essere e il nulla *di Sartre*. *Nel 1945*, Cristo si è fermato a Eboli *di C. Levi*.	Cade il fascismo. Vittorio Emanuele III fugge da Roma. Nel 1944 gli alleati sbarcano in Normandia. Nel 1945 Mussolini viene fucilato; si riunisce la conferenza di Yalta; governo Parri in Italia; suicidio di Hitler; scoppio della prima bomba atomica su Hiroshima.
1947 Calvino si laurea in lettere con una tesi su Joseph Conrad; pubblica *Il sentiero dei nidi di ragno*.	*Escono:* Cronache di poveri amanti *di Pratolini*, Lettere dal carcere *di Gramsci*, Dialoghi	La Costituente italiana prepara il testo della Costituzione repubblicana. Negli Stati Uniti

	Vita di Calvino	*Avvenimenti culturali*	*Avvenimenti storici*
1947		con Leucò *di Pavese*, La romana *di Moravia*, Spaccanapoli *di Rea*; Doktor Faustus *di Thomas Mann*, La peste *di Camus*, Che cos'è la letteratura *di Sartre*. *Il Nobel viene assegnato ad André Gide.*	d'America si attua il Piano Marshall: organizzazione su scala mondiale di aiuti ai paesi devastati dall'ultimo conflitto.
1949	Calvino pubblica il volume di racconti *Ultimo viene il corvo*.	*Escono:* Il taglio del bosco *di Cassola*, La bella estate *di Pavese*, Le ragazze di San Frediano *di Pratolini*, La vita non è sogno *di Quasimodo*, Prima che il gallo canti *di Pavese*, Il bell'Antonio *di Brancati*; Una lezione morale *di Eluard*, Madre Coraggio *di Brecht.* *Conferimento del premio Goethe a T. Mann, in occasione del suo rientro in Germania.*	Vengono proclamate le repubbliche di Irlanda, Federale Tedesca e Democratica Tedesca. Viene istituita la NATO. Il Sant'Uffizio scomunica i comunisti.
1952	Calvino pubblica *Il visconte dimezzato* e, nella rivista «Botteghe oscure», diretta da Giorgio Bassani, pubblica il racconto *La formica argentina*.	*Esce, postumo, il diario di Pavese:* Il mestiere di vivere. *Escono:* Tutti i nostri ieri *della Ginzburg*, Una manciata di more *di Silone*, I ventitré giorni della città di Alba *di Fenoglio*,	Si instaura la repubblica in Egitto, dopo la fuga del re Faruk. I Mau Mau entrano in rivolta nel Kenia. Elisabetta II diventa regina d'Inghilterra. In Grecia viene concesso il voto alle donne.

	Vita di Calvino	*Avvenimenti culturali*	*Avvenimenti storici*
1952		Fausto e Anna *di Cassola*, Vesuvio e pane *di Bernari;* Il vecchio e il mare *di Hemingway*, Razza e storia *di Lévi-Strauss.* *Muoiono Benedetto Croce, Maria Montessori e Paul Eluard.* *Il Nobel viene assegnato a Mauriac.*	Gli Stati Uniti realizzano la bomba all'idrogeno.
1954	Calvino pubblica il volume di racconti *L'entrata in guerra.*	*Viene fondata la rivista « Il contemporaneo » diretta da Salinari e Trombadori.* *Escono:* Il disprezzo *di Moravia*, Il mio cuore a Ponte Milvio *di Pratolini*, Una facile allegoria *di Fortini*; I Mandarini *di Simone de Beauvoir*, Diario di una scrittrice *di Virginia Woolf.* *Il Nobel viene assegnato ad Hemingway.* *Muore Vitaliano Brancati.*	La Cambogia, il Laos e il Vietnam proclamano la loro indipendenza. Ha inizio la guerra di Algeria. Trieste passa sotto l'amministrazione italiana. Muore Enrico Fermi.
1956	Calvino pubblica la raccolta delle *Fiabe italiane.*	*Si fonda a Bologna la rivista « Officina ».* *Escono:* Il futuro ha un cuore antico *di C. Levi*, Le parrocchie di Regalpetra *di Sciascia*, Diario sentimentale	XX Congresso del PCUS, rapporto di Kruscev, denuncia dello stalinismo. Insurrezione dell'Ungheria.

	Vita di Calvino	*Avvenimenti culturali*	*Avvenimenti storici*
1956		*di Pratolini*, Erica e i suoi fratelli *e* La Garibaldina *di Vittorini;* La caduta *di Camus,* L'età del sospetto *della Sarraute,* L'impiego del tempo *di Butor.* *Muore Bertolt Brecht.* *Il Nobel viene assegnato a Jiménez.*	
1957	Calvino pubblica *Il barone rampante* e *La speculazione edilizia.*	*Escono:* Quer pasticciaccio brutto de via Merulana *di Gadda,* La ciociara *di Moravia,* L'isola di Arturo *della Morante,* Le ceneri di Gramsci *di Pasolini,* Belmoro *di Alvaro (postumo);* La città *di Faulkner,* L'esilio e il regno *di Camus,* La modificazione *di Butor,* Fin de partie *e* Tutto quello che cade *di Beckett.* *Il Nobel è assegnato a Camus.*	L'Unione Sovietica mette in orbita il primo Sputnik. Nasce il MEC. Cinquecento intellettuali spagnoli chiedono che si organizzi una mostra di Picasso a Madrid.
1958	Calvino pubblica *La nuvola di smog* e *I racconti.*	*Escono:* Il Gattopardo *di Tomasi di Lampedusa (postumo),* Il soldato *di Cassola,* I viaggi, la morte *di Gadda,* Un destino inutile *di Gramigna,* Si-	Gli Stati Uniti lanciano il loro primo satellite. Entra in vigore l'Euratom. Primo tentativo in Italia di governo di centro-sinistra.

	Vita di Calvino	Avvenimenti culturali	Avvenimenti storici
1958		lenzio a Milano *della Ortese*; L'erba *di Simon*, Memorie di una ragazza per bene *di Simone de Beauvoir*, Salmi al vento *di Goytisolo*. *Il Nobel è assegnato a Pasternak.*	
1959	Calvino pubblica *Il cavaliere inesistente*.	*Escono:* Una vita violenta *di Pasolini*, La suora giovane *di Arpino*, Una vampata di rossore *di Rea*, L'anonimo lombardo *di Arbasino*, Primavera di bellezza *di Fenoglio*, Signorina Rosina *di Pizzuto*, Fuoco grande *di Pavese (postumo)*, Poesia ed errore *di Fortini*. *Il Nobel viene assegnato a Quasimodo.*	Lunik-1 fotografa l'altra faccia della luna. Fidel Castro, abbattuta la dittatura di Batista, espropria le piantagioni di canna da zucchero a Cuba. La Gran Bretagna accorda l'indipendenza a Cipro. Il Sant'Uffizio proibisce che si voti per i partiti di estrema sinistra. Gli Stati Uniti fanno delle Hawaii il loro cinquantunesimo stato.
1960	Calvino pubblica *I nostri antenati* che comprende *Il visconte dimezzato*, *Il barone rampante*, *Il cavaliere inesistente*.	*Escono:* La seconda parte de Lo scialo *di Pratolini*, Racconti *di Pavese (postumo)*, Satire italiane e l'edizione definitiva de Le mie stagioni *di Comisso*, Mastrangelina *di Alvaro (postumo)*, Un volto che ci somiglia *di C. Levi*, Si ripa-	Governo Tambroni in Italia. Kennedy è presidente degli Stati Uniti. Nei laboratori della Università di Roma si scopre l'« anti-sigma-più ». Le Corbusier realizza il convento di Santa Maria de La Tourette.

	Vita di Calvino	*Avvenimenti culturali*	*Avvenimenti storici*
1960		rano bambole *di Pizzuto*, Taccuino del vecchio *di Ungaretti*, Il poeta e il politico e altri saggi *di Quasimodo*; Gli occhi che non si chiudono *di Asturias*, La settimana santa *di Aragon*, Repertorio e Gradi *di Butor*, L'età forte *di Simone de Beauvoir*, L'artefice *di Borges. Muoiono Camus e Pasternak. Il Nobel è assegnato a Saint-John Perse.*	
1963	Calvino pubblica *La giornata d'uno scrutatore* e *Marcovaldo ovvero Le stagioni in città*.	*Nasce ufficialmente a Palermo, con la denominazione di «Gruppo 63», la neoavanguardia italiana, con Sanguineti, Giuliani, A. Guglielmi ecc. A Genova si fonda la rivista «Marcatre». Escono:* La cognizione del dolore *di Gadda*, La costanza della ragione *di Pratolini*, Lo scialle andaluso *della Morante*, Il consiglio d'Egitto *di Sciascia*, La tregua *di Primo Levi*, La moglie e i quaranta rac-	A Dallas viene assassinato John Kennedy. Trattato di Mosca per la messa al bando degli armamenti nucleari. Muore Giovanni XXIII.

	Vita di Calvino	*Avvenimenti culturali*	*Avvenimenti storici*
1963		conti *di Alvaro (postumo)*, Una volta per sempre (1958-1962) *(poesie) di Fortini*.	
1965	Calvino pubblica *Le Cosmicomiche*.	*Escono:* Per cause imprecisate *di Bernari*, L'attenzione *di Moravia*, Uscita di sicurezza *di Silone*, Busta chiusa *di Comisso*, La manc del tempo *di N. Lisi*, La macchina mondiale *di Volponi*, Il padrone *di Parise*. *Viene fondata a Milano da Mario Miccinesi e Fiora Vincenti la rivista « Uomini e Libri ». A Saul Bellow viene assegnato il Premio Internazionale degli Editori.*	
1967	Calvino pubblica *Ti con zero*.	*Escono:* I cani del Sinai *di Fortini*, Il doge *di Palazzeschi*, Poveri e semplici *della Ortese*, Storia di Ada *di Cassola*, La gente che perdé Ierusalemme *e* Madame la France *di Piovene*, Una cosa è una cosa *di Moravia*, La città ha i miei trent'anni *di Pratolini*.	La Francia impedisce l'ammissione dell'Inghilterra al MEC. In Grecia si instaura la dittatura dei colonnelli. Nel giugno guerra dei sei giorni tra Israele e gli Stati Arabi.

Vita di Calvino	Avvenimenti culturali	Avvenimenti storici
1969 Calvino traduce il romanzo *Les fleurs bleues* di Raymond Queneau e scrive la fiaba *Il castello dei destini incrociati*.	*Escono:* L'immaginazione *di Moravia*, Stefanino *di Palazzeschi*, Le radiose giornate *di Bernari*, Le città del mondo *(postumo) di Vittorini*.	Gli Stati Uniti realizzano il primo allunaggio.
1971 Esce presso Einaudi, a cura di Calvino, *Teoria dei quattro movimenti. Il nuovo mondo amoroso* di Charles Fourier.	*Esce* La spiaggia d'oro *di Brignetti*.	
1972 Calvino pubblica *Le città invisibili*. Gli viene conferito dall'Accademia dei Lincei il prestigioso premio «Feltrinelli».	*Muoiono Bruno Cicognani, Luciano Bianciardi, Ennio Flaiano ed Ezra Pound.* *Giuseppe Dessì, con* Paese d'ombre, *vince il premio «Strega».* *Gianna Manzini, con* Ritratto in piedi, *vince il premio «Campiello».* *Escono:* L'odore del fieno *di Giorgio Bassani, i racconti postumi di Elio Vittorini* Nome e lagrime, Via delle cento stelle *di Aldo Palazzeschi e* Viola di morte *di Tommaso Landolfi*. *Al tedesco occidentale Heinrich Böll viene conferito il Nobel per la letteratura.*	In Italia elezioni anticipate: Andreotti forma il nuovo governo coi liberali e senza i socialisti. Trattato di normalizzazione tra le due Germanie. Brandt viene rieletto cancelliere della R.F.T. Viaggi di Nixon in Cina e in URSS. Nixon viene rieletto presidente degli Stati Uniti. Muore Henry Truman, ex presidente USA. Ingresso della Cina all'ONU.

	Vita di Calvino	*Avvenimenti culturali*	*Avvenimenti storici*
1973	Aderisce alla « Cooperativa italiana scrittori » che si propone di contrastare la concentrazione delle case editrici nelle mani di grossi industriali. Tra gli intellettuali che aderiscono alla « Cooperativa » sono Cesare Zavattini, Walter Pedullà, Angelo Guglielmi, Elio Pagliarani, Paolo Volponi, Luigi Malerba e Giorgio Manganelli. Cura per Einaudi un volume di racconti di Silvina Ocampo dal titolo *Porfiria*. Pubblica da Einaudi *Il castello dei destini incrociati*, apparso nel 1969 in edizione per bibliofili.	Si commemora il primo centenario della morte di Manzoni. Muore Carlo Emilio Gadda. Il Nobel va all'australiano Patrick White. Escono: Un'altra vita di A. Moravia, Il mare colore del vino di L. Sciascia, Utopia per flauto solo di Fiora Vincenti.	Cessa il conflitto nel Vietnam con la firma dell'armistizio tra le parti in causa. Scoppia lo scandalo Watergate: Nixon è accusato di aver manovrato illecitamente per screditare gli avversari del partito democratico. 6 ottobre: scoppia il quarto conflitto tra Israele e arabi.
1979	Continua a fare la spola tra Parigi e Torino, dove svolge il suo lavoro di consulente editoriale della Einaudi. Collabora a riviste e quotidiani. Pubblica *Se una notte d'inverno un viaggiatore*.	La chiave a stella *di Primo Levi vince il premio « Strega ». Il premio « Viareggio » di narrativa va a Giorgio Manganelli per il volume* Centurie, *mentre quello di poesia va a Sandro Zanzotto per* Il Galateo in bosco. *Il Nobel viene assegnato al poeta greco*	Nelle elezioni politiche italiane grande avanzata del Partito Radicale. Nel luglio si installa a Strasburgo il primo Parlamento d'Europa. Conflitto Vietnam-Cina e Vietnam-Cambogia. Gli ostaggi americani, che sono in Iran dopo la rivoluzione

	Vita di Calvino	*Avvenimenti culturali*	*Avvenimenti storici*
1979		*Odysseus Elytis. Muore Herbert Marcuse, uno dei massimi esponenti della Scuola di Francoforte e padre ideologico della contestazione studentesca. Muoiono Tommaso Landolfi e Marino Moretti.*	che ha abbattuto il regime dello Scià, non vengono restituiti agli Stati Uniti. La Russia invade l'Afghanistan col pretesto di difendere il governo di Kabul, di orientamento filosovietico.
1980	Si trasferisce da Parigi a Roma con la famiglia. Collabora al quotidiano «La Repubblica». Pubblica il volume di saggi *Una pietra sopra*.	*Giovanni Arpino, con* Il fratello italiano, *vince il premio «Campiello». Il Nobel va al poeta polacco, residente negli Stati Uniti, Czeslaw Milosz. Giorgio Bassani pubblica in un unico volume tutta la sua produzione narrativa, dal titolo* Il romanzo di Ferrara. *Muoiono Erich Fromm, autore di notevoli saggi sulla psicoanalisi e il marxismo; Jean-Paul Sartre, uno dei massimi filosofi «impegnati» del nostro tempo; Roland Barthes, la cui opera di semiologo e critico letterario ha influenzato grandemente gli scrittori d'avanguardia degli anni '60-'70.*	Lotta a tappeto contro il terrorismo italiano. Viene ucciso Walter Tobagi, presidente dell'Associazione lombarda dei giornalisti. Grave attentato, con morti e feriti, alla stazione di Bologna, da parte di elementi di destra. Guerra Iran-Irak. In Polonia si costituisce il primo sindacato libero dei lavoratori. Carter perde le elezioni americane. Viene eletto Presidente l'ex attore Ronald Reagan. Terribile terremoto in Campania, Calabria e Basilicata, con migliaia di morti. Il PCI si propone come partito di governo.

	Vita di Calvino	Avvenimenti culturali	Avvenimenti storici
1983	Intensifica la sua collaborazione con il quotidiano «La Repubblica». Pubblica *Palomar*.	*Grave crisi della casa editrice Einaudi, che è costretta a ridurre l'organico. Il romanziere inglese William Golding vince il Nobel per la letteratura. Mario Pomilio, con* Il Natale del 1883, *vince il premio Strega. Carlo Sgorlon, con* La conchiglia di Anatay *vince il premio Campiello.*	Il terrorismo in Italia viene quasi completamente sbaragliato. Muore Breznev, gli succede Andropov. Primo governo socialista in Italia, con presidenza Craxi.
1984	Calvino lascia Einaudi per Garzanti, presso il quale pubblica *Cosmicomiche vecchie e nuove* e *Collezione di sabbia*.	*Al poeta cecoslovacco Jaroslav Sejfert viene conferito il Nobel per la letteratura. Con* Tolstoj, *Pietro Citati vince il premio Strega. Giuseppe Bonura pubblica* Il segreto di Alias. *Escono in Italia,* La coincidenza *di Cancogni,* La ladra *di Tobino,* Occhio di Capra *di Sciascia. Muore Eduardo De Filippo.*	Ronald Reagan viene eletto per la seconda volta Presidente degli Stati Uniti. Continuano i combattimenti nel Libano. Elezioni del Parlamento Europeo. Viene assassinata Indira Gandhi. Muore Berlinguer, che viene sostituito da Natta alla segreteria del PCI.
1985	Colpito da *ictus* cerebrale il 6 settembre Calvino muore dopo dodici giorni di agonia il 19 settembre all'Ospedale di S. Maria della Scala a Siena: gli sono accanto la moglie, la figlia e gli amici più intimi.	*Escono in Italia* Cronachette *di Sciascia,* Quella strana felicità *di Cancogni,* Scribilli *di Sanguineti,* Per il battesimo dei nostri frammenti *di Luzi,* L'architetto *di Soldati,* La convivenza *di Raffaele Crovi.*	In Argentina si svolgono i processi contro gli ex dittatori militari. Muore Cernenko sostituito alla segreteria del Partito da Michail Gorbaciov. Riprendono le trattative sulla limitazione delle armi nucleari

	Vita di Calvino	Avvenimenti culturali	Avvenimenti storici
1985			e spaziali tra USA e URSS. Cossiga viene eletto Presidente della Repubblica.
1986	Garzanti pubblica il volume di racconti postumo *Sotto il sole giaguaro*. Garzanti ha anche ripubblicato in edizione economica *Il sentiero dei nidi di ragno*, *I nostri antenati*, *Le Cosmicomiche* e *Ti con zero*.	*Escono in Italia:* Passo d'addio *di Arpino*, Diadémata *di Testori*, Con testo a fronte *di Volponi*. *Muore Piero Chiara*.	Gorbaciov e Reagan si incontrano senza esito sulla questione delle armi nucleari.
1988	Garzanti pubblica postume *Lezioni americane. Sei proposte per il prossimo millennio* ed Einaudi pubblica postumo *Sulla fiaba*.	*Si inaugura il 19 maggio a Torino il Primo salone nazionale del libro.*	Gorbaciov annuncia una riduzione unilaterale degli armamenti sovietici in Europa e in Asia. Il 15 maggio ha inizio il ritiro delle truppe sovietiche dall'Afganistan. All'età di 89 anni muore a Roma Giuseppe Saragat.
1990	Mondadori, che ha intrapreso la pubblicazione di tutte le opere di Calvino, dà alle stampe il volume di racconti postumo *La strada di San Giovanni*.	*Escono in Italia:* Diario 1938 *di Elsa Morante*; La Chimera *di Vassalli*. *Muoiono: Manganelli, Pomilio, Contini*.	Vertice a Huston tra USA e URSS per aiuti tecnici alla perestroika. Gorbaciov e Kohl firmano un accordo per la Germania Est, per dare un nuovo assetto all'Europa con la riunificazione delle due Germanie.

	Vita di Calvino	Avvenimenti culturali	Avvenimenti storici
1991	Einaudi pubblica *I libri degli altri*. Mondadori pubblica *Perché leggere i classici* e *Fiabe italiane*; e nella collana Meridiani pubblica *Romanzi e racconti*.	*Escono in Italia:* La strada per Roma *di Paolo Volponi;* Re di sabbia *di Gino Montesanto;* Una lapide in via del Babuino *di Mario Pomilio;* Diario postumo *di Eugenio Montale;* Insciallah *di Oriana Fallaci;* La lunga vita di Marianna Ucría *di Dacia Maraini.*	Il 1° gennaio a Mogadiscio divampa la guerra tra i guerriglieri dell'Unità somala e i governativi di Siad Barre. Il 16 gennaio scade l'ultimatum dell'ONU e alle ore 0,30 (ore italiane) del 17 aerei USA attaccano Bagdad. È la Guerra del Golfo.

I

LA VITA

Gli anni della natura « scientifica »

Diciamo subito, per onestà morale prima ancora che critica, che avvicinarsi al mondo poetico di Italo Calvino è come voler raggiungere una meta che non solo si sposta in avanti continuamente, ma che spesso e volentieri scarta a destra e a sinistra con una logica che sembra obbedire al famoso « principio d'indeterminazione » stabilito dal fisico Werner Karl Heisenberg.

Sicché un « invito » alla lettura di Calvino è valido in due sensi: sia come approssimazione didattica alla narrativa dello scrittore ligure, sia come criterio di valutazione e di definizione squisitamente letterario. Oggettivamente, non si può emettere un giudizio conclusivo e complessivo su un insieme di opere che vivono sotto il segno della contraddittorietà e della ambivalenza (non della incoerenza, si badi bene) e il cui autore è spinto a scrivere seguendo sí i suoi impulsi, ma anche quelli dialettici che nascono dalle strutture e dalle sovrastrutture della società, che sono sempre in movimento. Non a caso Gianfranco Contini nella sua telegrafica nota inserita nel volume *Letteratura dell'Italia unita (1861-1968)* (Firenze, Sansoni, 1968) conclude che « ... il rapporto (di Calvino) con la realtà è rimasto critico e la problematica aperta ».

E c'è anche, a confortare la nostra tesi, una felicissima espressione di Cesare Pavese là dove, nella recensione al primo romanzo di Calvino, *Il sentiero dei nidi di ragno* (1947), definisce lo scrittore esordiente « scoiattolo della penna ».

A questo punto s'impone un interrogativo: da che cosa nasce l'estrema mobilità del mondo poetico di Italo Calvino? La prima risposta che avanziamo con una certa cautela è la seguente: nasce dall'ottimismo biologico irriso dal pessimismo dell'intelligenza. O, per usare una formula piú semplice, è il risultato di uno scontro senza vincitori né vinti tra l'aspirazione alla felicità dell'individuo e la tendenza della società a comprimerlo e, al limite, a sopprimerlo. Ma ecco che la formula può benissimo essere rovesciata, e cioè: lo « scoiattolo della penna » è tale proprio perché non riesce a conciliare il naturale pessimismo dell'individuo (la morte certa) con le fragorose manifestazioni di ottimismo del genere umano (nonostante innumerevoli guerre e indicibili massacri, l'umanità continua imperterrita il suo cammino).

E qui si potrebbero usare altre formule, che tuttavia ruoterebbero tutte intorno a un nodo. Un nodo che cercheremo di sciogliere, magari gordianamente, in seguito, quando esamineremo i temi, i motivi, le « ideologie » e le « poetiche » di Calvino.

Ma questo inizio ci è parso necessario in quanto ci introduce, sia pure tangenzialmente, alla biografia dello scrittore in una maniera che non sia puramente cronachistica o, peggio ancora, rotocalchistica. Esistono biografie e biografie. Quella di D'Annunzio, per fare un facile esempio, è ricca di aneddoti che riguardano la sua « maschera ». Quella di Flaubert, al contrario, è poverissima: è quasi soltanto una biografia intellettuale. E questo è anche il caso di Italo Calvino: la sua vita, diciamo cosí, fisica, è indissolubilmente legata alla sua vita culturale: l'« *homme de chair* » e l'« *homme de plume* » in lui diventano la stessa cosa. Questo legame tra esistenza anagrafica e vita artistica e culturale è sottolineato implicitamente da una succinta biografia scritta da Calvino per il volume *Ritratti su misura* (Venezia, ed. Sodalizio del libro, 1960):

« Sono figlio di scienziati: mio padre era un agronomo, mia madre una botanica; entrambi professori universitari. Tra i miei familiari solo gli studi scientifici erano in onore; un mio zio materno era un chimico, professore universitario, sposato a una chimica (anzi ho avuto due zii chimici sposati a due zie chimiche); mio fratello è un geologo, professore universitario. Io sono la pecora nera, l'unico letterato della famiglia. Mio padre era ligure, di una vecchia famiglia di Sanremo, mia madre è sarda. Mio padre visse una ventina d'anni in Messico, direttore di stazioni sperimentali agronomiche, e poi in Cuba; a Cuba condusse mia madre, conosciuta attraverso uno scambio di pubblicazioni scientifiche e sposata durante un fulmineo viaggio in Italia; io nacqui in un villaggio vicino all'Avana, Santiago di Las Vegas, nel 1923 ».

Ma di Cuba, per ammissione dello stesso scrittore, Calvino non ricorda niente. E sarebbe stato straordinario il contrario giacché si ritrovò a Sanremo a « meno di due anni », dove suo padre era « rimpatriato », con la moglie, a « dirigere la stazione sperimentale di floricoltura ».

« Della mia nascita d'oltremare » prosegue Calvino « conservo solo un complicato dato anagrafico (che nelle brevi note bio-bibliografiche sostituisco con quello piú "vero": nato a Sanremo), un certo bagaglio di memorie familiari, e il nome di battesimo che mia madre, prevedendo di farmi crescere in terra straniera, volle darmi perché non scordassi la patria degli avi, e che invece in patria suonava bellicosamente nazionalista. »

Si sarà notato il tono ironico che Calvino conferisce alla propria autobiografia, un che di distaccato e di irridente che si ritroverà poi anche nella sua opera.

Ma l'ironia cede il posto a una sorta di trattenuta elegia appena lo scrittore si mette a parlare della sua fanciullezza e della sua adolescenza:

« Ho vissuto con i miei genitori a Sanremo fino a vent'anni, in un giardino pieno di piante rare ed esotiche, e per i boschi delle prealpi liguri con mio padre, vecchio cacciatore instancabile ».

Il brano, in special modo l'ultimo segmento, sembra rieccheggiare, e non a caso, lo stile di Hemingway, quando mitizza il padre che gli insegnava a pescare e a sparare con un fucile da caccia.

Compiuti gli studi liceali Calvino fece

« ... qualche tentativo di seguire la tradizione scientifica familiare, ma già avevo la testa alla letteratura e smisi. Intanto era venuta l'occupazione tedesca e, secondando un sentimento che nutrivo fin dall'adolescenza, combattei coi partigiani, nelle Brigate Garibaldi. La guerra partigiana si svolgeva negli stessi luoghi che mio padre mi aveva fatto conoscere fin da ragazzo. Cosí approfondii la mia immedesimazione in quel paesaggio, e vi ebbi la prima scoperta del lancinante mondo umano. »

È la scoperta da cui nascerà *Il sentiero dei nidi di ragno* e tanti altri racconti imperniati sul tema della Resistenza. Ma prima del Calvino scrittore c'è un ragazzo della buona borghesia ligure, immerso in un mondo di sogno o di favola, in una natura lussureggiante ed esotica. Alcuni critici, rigorosamente ligi all'analisi del testo, hanno trascurato questi particolari biografici, e non del tutto a torto. Calvino nasce in effetti alla letteratura dopo la « lancinante » esperienza della guerra civile. Ma ci nasce in un certo modo, che ha poco o nulla da spartire con i canoni del neorealismo allora imperanti nella narrativa italiana.

La Resistenza è il momento in cui lo scrittore si scontra con la storia, ma in precedenza c'è stato il contatto pieno, totale, felice con la natura. Ed è un contatto, anche questo, diverso da quello che potrebbe avere, ad esempio, il figlio di un contadino o di un pescatore o di un cacciatore. L'incanto della natura si svela a Calvino attraverso gli occhi « scientifici » del padre.

Maturando, gli è rimasto del tempo della fanciullezza e della adolescenza il « sentimento profondo e minuzioso della campagna; dove altri scrittori parlerebbero confusamente di alberi, lui elenca con gusto tutte le specie arboree della sua Liguria, dai limoneti ai contorti fichi, ai ciliegi, dalle brune fronde, ai teneri cotogni, e i peschi, i mandorli, i giovani peri, i prodighi susini, e sorbi e carrubi e gelsi e noci annosi; e piú su l'oliveto, e lecci e platani e roveri; ed i pini, i faggi e i castagni, ed il bosco che non ha fine. E dove altri andando in campagna, o portandovi il protagonista, hanno tutt'al piú il presentimento d'una vita animale, lui ha l'occhio sempre ai ghiri, alle vespe, alle gazze, ai lombrichi, alle ghiandaie, alle farfalle, agli scriccioli, ai rampichini, alle rane; e agli scoiattoli, ai cardellini, alle cincie, alle larve che dormono nelle minute gallerie senza fine che corrono entro la scorza di un tronco. »[1]

E si aggiungano le letture solitarie, fatte sotto un gelso, o all'ombra degli ontani che fiancheggiano i ruscelli: Stevenson, Kipling, e soprattutto Joseph Conrad,

---

[1] P. Monelli, *Scrittori al girarrosto*, Milano, Mondadori, 1964.

sul quale Calvino preparava una tesi per prendere la laurea in lettere.

È da questo interregno, in cui non si è ancora uomo e non si è piú bambino, che occorre partire per entrare nel regno poetico di Calvino. La natura gli appare nello stesso tempo un'eruzione di bellezza anarchica, un caos astorico o metastorico, un Eden prima del peccato originale, e una geometrica costruzione di flora e di fauna classificate meticolosamente da uno scienziato.

Dunque la natura non è « naturale » se c'è un uomo che ci vive in mezzo, che la osserva, la analizza, la nomina nei suoi minimi dettagli, insomma la rende scostante, nel senso etimologico del termine. Il rapporto con la natura è già problematico. Doppiamente problematico diventa quando vi fa intrusione la Storia, con la maiuscola. E la Storia, per il primo Calvino, è il sangue, la morte, l'odio, la disperazione, lo scacco e l'annichilimento non solo della natura, ma anche della pretesa dell'uomo di piegarla verso fini razionali. Si cominciano a delineare i due poli tra i quali la narrativa di Calvino farà continuamente la spola, senza soluzione di continuità, ma solo con pensosi indugi su punti intermedi.

Nel 1947, all'Università di Torino, dove si era iscritto direttamente al terzo anno della Facoltà di lettere, « date le facilitazioni per i reduci », consegue la laurea con una tesi appunto « sull'intera opera di Joseph Conrad ». Aveva dato « tutti gli esami dei quattro anni nel '46 ». Piú tardi confesserà, con un pizzico di ironia (crediamo), di avere « fatto l'università troppo in fretta, e me ne pento; ma allora avevo la testa ad altro: alla politica, cui partecipavo con passione, e non me ne pento » (qui non c'è nessuna ironia), « al giornalismo perché scrivevo su "l'Unità" collaborazioni sui piú vari argomenti... ».

Tra Pavese e Vittorini

Sono gli anni del dopoguerra. L'Italia è pervasa da un'ansia smaniosa, ma confusionaria di ricostruzione. Gli ideali antifascisti, alimentati dagli esuli e, in modo piú ambiguo, da coloro che si erano illusi di fare esplodere il regime dall'interno, ora diventano gli ideali di tutti, o quasi. Il paese è a pezzi, come la sua cultura. L'unico punto di riferimento sicuro è la Resistenza, la sua eredità. Si guarda avanti, ma anche indietro. C'è da recuperare una tradizione soffocata per piú di vent'anni. Gli intellettuali partecipano al generale clima di euforia libertaria. Testimoniano, a nome del popolo, le loro sofferenze, che diventano immediatamente le sofferenze dell'intera nazione. E anche le loro speranze.

La cultura è attraversata da una corrente vitalistica, che induce molti a un ottimismo eccessivo. Si scrive, si scrive parecchio, troppo. I reduci hanno da raccontare le loro storie. Storie da raccontare ne hanno anche i «compagni delle colline» che finalmente sono scesi nelle «città di pianura». Vicende umanissime, ma private, arricchiscono l'esperienza di coloro che hanno partecipato agli eventi bellici da spettatori-vittime. Inizia la stagione del neorealismo, in contrapposizione all'ermetismo in auge tra le due guerre, accusato di avere eluso i problemi della società italiana, appartandosi in una specie di Aventino letterario. La città in cui si respira piú profondamente l'aria resistenziale e si fiuta, con maggior cognizione di causa, la possibilità di creare una nuova cultura, è Torino. Polo di attrazione di artisti, intellettuali, poeti e professionisti illuminati, è la casa editrice Einaudi, che anche nel periodo piú nero del dominio fascista aveva saputo mantenere vivo con l'«astuzia della ragione» il sentimento della libertà. In un primo momento Calvino frequenta la casa editrice Einaudi solo sporadicamente, andando e venendo da Sanremo a Torino. Nel 1947 Calvino viene assunto nell'ufficio pubblicità, dopo aver svolto un lavoro allora di moda tra gli intellettuali che intendevano scrivere: venditore di libri a rate.

Alla Einaudi conosce Cesare Pavese. È un incontro decisivo, sia per la formazione morale e culturale di Calvino, sia per la sua carriera di scrittore.

Il sentiero dei nidi di ragno (« scritto in venti giorni nel dicembre '46 ») viene pubblicato l'anno seguente da Einaudi e Cesare Pavese, come si è già ricordato, battesima il nuovo scrittore con una recensione apparsa su « l'Unità » in cui intuisce d'acchito e definisce con precisione il nucleo poetico di Calvino.

L'esordio pubblico era stato preceduto da parecchi racconti scritti per il « cassetto » e da articoli e due racconti apparsi sulle riviste « Aretusa » diretta da Muscetta, e « Il Politecnico » che usciva a Milano ed era diretta da Elio Vittorini, lo scrittore e l'intellettuale forse piú rappresentativo di quegli anni. Al racconto di Calvino, Vittorini, come era suo costume, aveva fatto seguire un postscriptum: « Come Mino Manerba, come Marcello Venturi, Italo Calvino è un semplice lettore del "Politecnico" che ci ha mandato un racconto. Non è un buon racconto? La letteratura italiana sembra destinata a diventare una letteratura di narratori ».

Quest'ultima frase contiene una implicita polemica contro tutta la cultura italiana, da quella di ispirazione crociana a quella ermetica, perché entrambe avevano osteggiato, piú o meno apertamente, il romanzo, giudicandolo fuori dalla nostra tradizione letteraria.

Come Pavese, Vittorini aveva intuito la genuinità espressiva della narrativa di Calvino. Si forma cosí un ideale triangolo artistico-culturale, spezzato nel 1950 dalla morte repentina di Pavese, suicida in un albergo di Torino. Un evento che lascerà una traccia indelebile nell'animo di Calvino, che, come molti che gravitavano intorno a Pavese, non aveva compreso il dramma esistenziale, politico e culturale dello scrittore piemontese, che si nascondeva dietro un burbero, scontroso silenzio.

Il sodalizio con Vittorini è fecondo, ma non pacifico. Calvino recalcitra ai «diktat» del siciliano. Li unisce un'affinità culturale piú che di poetica. (*Il sentiero dei nidi di ragno*, per esempio, non era piaciuto a Vittorini.) Hanno in comune la passione politica, e la giovanile voracità per le idee progressiste.

Intanto Calvino prende la tessera del Partito Comunista, cui aveva aderito durante la Resistenza. Gli era sembrato lo sbocco logico della sua scelta resistenziale. E poi c'era stata l'esperienza della casa editrice torinese, cioè la Einaudi.

In una nota introduttiva a *Gli amori difficili* (1970) si legge: «L'ambiente della casa editrice torinese, caratterizzato dalla preponderanza degli storici e dei filosofi sui letterati e gli scrittori, e dalla continua discussione tra sostenitori di diverse tendenze politiche e ideologiche, fu fondamentale per la formazione del giovane Calvino». Un'informazione già implicitamente data nelle pagine precedenti. Inedito, e per molti versi illuminante, è quest'altro brano: «... Egli si trovò a poco a poco ad assimilare l'esperienza d'una generazione un po' piú anziana della sua, di uomini che già da dieci o quindici anni si muovevano nel mondo della cultura e del dibattito politico, che avevano militato nella cospirazione antifascista, nelle file del Partito d'Azione o della Sinistra Cristiana... Molto contò per lui (anche per il suo contrasto col suo orizzonte areligioso) l'amicizia, l'ascendente morale e la comunicativa del filosofo cattolico Felice Balbo, che a quel tempo militava nel Partito Comunista».

Con molto anticipo Calvino visse un'esperienza che si sarebbe tradotta, negli anni sessanta, in un problema politico fondamentale, in un dibattito dialettico tra gli ideali marxisti e quelli della sinistra cattolica piú avanzata. È importante sapere fin d'adesso, per una migliore conoscenza dell'opera di Calvino, che la sua areligiosità di derivazione illuministica era già stata messa in discussione da Felice Balbo, il quale evidentemente aveva immesso nella ideologia e nella sfera sentimentale del narratore ligure un « surplus » di inquietudine. La stessa inquietudine, del resto, che animava Vittorini e il suo « Politecnico », già allora impegnato a convogliare le forze piú avanzate della cultura italiana, comprese quelle cattoliche.

Ma l'impegno politico non appagava Calvino. L'urgenza di esprimersi per immagini letterarie, di impegnarsi insomma nel puro terreno della letteratura, era di gran lunga superiore alla sua volontà di entrare nel vivo della prassi. Aveva compreso di non avere le doti del buon giornalista, né del politico professionale, sebbene per alcuni anni avesse collaborato a « l'Unità » con inchieste sindacali, servizi su scioperi industriali e agricoli e occupazioni di fabbriche. Era il « generoso » periodo in cui agli intellettuali pareva non difficile, per non dire facile, o per lo meno possibile, conciliare attività letteraria e attività politica. Ma la realtà, con il manicheismo che allora si stava delineando e che poi si consolidò in maniera brutale (di qua i cattolici della Democrazia Cristiana, di là i marxisti del Partito Comunista), si incaricò di fare cadere ogni illusione. I politici non sopportavano l'ingerenza ideologica e pratica degli scrittori, e questi non sopportavano le direttive impartite dai politici. Cominciò forse da questa spaccatura la lenta ma inflessibile marcia di Calvino verso una *privacy* letteraria, senza tuttavia chiudersi nella classica torre d'avorio; anzi acquistando nell'isolamento, paradossalmente ma non tanto, una piú matura consapevolezza dell'impegno politico implicito nell'impegno dello scrittore, e nella funzione della letteratura.

Nel 1949 Calvino pubblica la raccolta di racconti *Ultimo viene il corvo*, che si riallaccia al *Sentiero dei nidi di ragno*, per certi motivi resistenziali, ma che per altri aspetti se ne allontana, data l'accentuazione, in alcuni racconti, dell'elemento avventuroso-fiabesco. La critica, al solito, non è d'accordo (e ciò è naturale) sul valore del libro: quel che è meno naturale è che i giudizi comprendono un ventaglio di definizioni che vanno dal « lirico » al « razionale ». Qual è il vero Calvino, il primo o il secondo?

Quando nel 1952, nella temperie culturale del neorealismo, sebbene in via di superamento, appare *Il visconte dimezzato*, sembra che i sostenitori del « primo » Calvino abbiano una clamorosa conferma. Di fatto Calvino s'abbandonò alla sua vena piú spontanea d'affabulatore e il romanzo lo scrisse di getto. Ma per le sue remore, diciamo cosí, politiche, egli stesso lo giudicò severamente:

> « Pensavo di pubblicarlo in qualche rivista e non in libro per non dare troppa importanza a un semplice "divertimento", ma Vittorini insistette per farne un volumetto dei suoi "Gettoni" ».

(« I Gettoni » era il titolo di una collana einaudiana diretta da Vittorini, teso come sempre a scoprire nuovi narratori e nuove vie d'uscita all'*impasse* neorealistica.) Questa volta tra i critici ci fu un'unanimità di consensi. E infatti lirismo fiabesco-avventuroso, rigorosa costruzione geometrica e simbolismo social-politico nel *Visconte dimezzato* si fondono armoniosamente. Uscí pure un bell'articolo di Emilio Cecchi, il che allora voleva dire la consacrazione (o cooptazione) dello scrittore nella letteratura italiana « ufficiale ».

Invero l'unanimità fu relativa, dato che da parte comunista scoppiò una piccola polemica sul « realismo ». Non mancarono, però, gli autorevoli compensi bilanciatori.

Mise tutti d'accordo Vittorini che coniò la fortunata formula (che però risentiva di quella di Pavese) di

« realismo a carica fiabesca » e di « fiaba a carica realistica ».

Ma lo « scoiattolo della penna » sconcerta ancora una volta i suoi critici e i suoi lettori, allorché nel 1954 fa uscire, sempre presso Einaudi (tutta l'opera di Calvino è pubblicata dall'editore torinese), un altro volume di racconti intitolato *L'entrata in guerra*.

Dopo il « divertimento » del *Visconte dimezzato*, ecco di nuovo Calvino alle prese con il fascismo. Un ritorno al neorealismo? Nient'affatto. È soltanto un pensoso indugio, come s'è detto all'inizio, su uno dei due poli (quello fiabesco e quello razionalista) della narrativa di Calvino. Un indugio autobiografico, specie nel racconto che dà il titolo al volume, cioè *L'entrata in guerra*, che serve a Calvino per fare un bilancio di se stesso, avendo varcato la soglia dei trent'anni, il che, per tutti gli scrittori precoci, costituisce un trauma.

Ma non è solo questo, beninteso, che ha spinto Calvino a tornare alle origini. Il successo del *Visconte dimezzato* gli ha inculcato dei dubbi sulla effettiva incidenza di uno strumento espressivo e di una tematica in un certo senso elusivi, sul tessuto della realtà italiana.

Decide forse di eludere il dilemma dedicandosi a un lavoro saggistico-filologico, peraltro commissionato. Da questo lavoro, che lo assorbirà per piú di un anno, escono le *Fiabe italiane* (1956). Sono circa duecento, raccolte da Calvino dalla tradizione popolare e tradotte da lui stesso dai vari dialetti in italiano. Un vero e proprio « viaggio tra le fiabe » italiane, cosí come è intitolato il primo capitolo della introduzione al volume:

> « Per due anni – scrive Calvino – ho vissuto in mezzo a boschi e palazzi incantati, col problema di come meglio vedere in viso la bella sconosciuta che si corica ogni notte al fianco del cavaliere, e con l'incertezza se usare il mantello che rende

invisibile o la zampina di formica, la penna d'aquila e l'unghia di leone che servono a trasformarsi in animali. E per questi due anni a poco a poco il mondo intorno a me veniva atteggiandosi a quel clima, a quella logica, ogni fatto si prestava a essere interpretato e risolto in termini di metamorfosi e incantesimo: e le vite individuali, sottratte al solito discreto chiaroscuro degli stati d'animo, si vedevano rapite in amori fatati, o sconvolte da misteriose magie, sparizioni istantanee, trasformazioni mostruose, poste di fronte a scelte elementari di giusto o ingiusto, messi alla prova da percorsi irti di ostacoli, verso felicità prigioniere d'un assedio di draghi; e cosí nelle vite dei popoli, che ormai parevano fissate in un calco statico e predeterminato, tutto ritornava possibile: abissi irti di serpenti si aprivano come ruscelli di latte, re stimati giusti si rivelavano persecutori dei propri figli, regni incantati e muti si svegliavano a un tratto con gran brusio e sgranchire di braccia e gambe. Ogni poco mi pareva che dalla scatola magica che avevo aperto, la perduta logica che governa il mondo delle fiabe, si fosse scatenata, ritornando a dominare sulla terra.
Ora che il libro è finito – prosegue Calvino – posso dire che non è stata un'allucinazione, una sorta di malattia professionale. È stata piuttosto una conferma di qualcosa che già sapevo in partenza, quel qualcosa cui prima accennavo, quell'unica convinzione mia che mi spingeva al viaggio tra le fiabe; ed è che io credo questo: le fiabe sono vere ».

Sarà bene tenere a mente questa non breve citazione estrapolata dalla introduzione alle *Fiabe italiane*, perché in essa c'è gran parte del mondo morale e poetico di Calvino, se non tutto intero.

E tuttavia l'immersione totale nel fiabesco, e l'impegno filologico e puramente fisico non indifferente, non gli impediscono di tenere gli occhi bene aperti sulla realtà italiana, e di intervenire nel dibattito culturale, politico e letterario allorché gli sembra opportuno precisare la sua posizione di uomo di cultura e di scrittore.

Un anno prima della pubblicazione delle *Fiabe*, la rivista « Paragone » diretta da Roberto Longhi aveva ospitato un saggio di Calvino, saggio rimasto giustamente famoso: *Il midollo del leone* (giugno 1955).

Il romanzo *Metello* di Vasco Pratolini (1955) aveva suscitato nell'intellettualità italiana un pandemonio ideologico. Si decretava la fine del neorealismo e l'avvento del realismo, nell'accezione di Lukács, il nume tutelare della sinistra letteraria di allora. Il neorealismo aveva fatto la sua parte: l'epoca del « documento » e della « testimonianza » diretta era tramontata e lasciava il posto a un genere di romanzo che doveva sí riflettere i problemi del proprio tempo, ma in forma mediata. Si mandava in soffitta Zdanov e la sua famigerata formula del « realismo socialista », fondata sull'eroe positivo, cioè un personaggio che veicola i valori della rivoluzione sotto specie propagandistica, o quasi. Contemporaneamente infuriava l'eterna *querelle* sulla lingua, scatenata da Pasolini con i suoi *Ragazzi di vita* (1955) che mescolava con *souplesse* dialetto romanesco e italiano medio, e pretendeva cosí di offrire una « fotografia » della vera società italiana, o perlomeno di una sua piaga sociologica, quella delle baracche romane.

Gli attacchi, le proposte, i rimedi, le poetiche partivano da destra e da sinistra, si intrecciavano, si scontravano, deflagravano creando una nube o una cortina fumogena che finiva per celare il vero nocciolo del problema. E il problema autentico, quello che si sarebbe

riproposto drammaticamente con gli avvenimenti del
« Maggio francese » del 1968 e con l'irruzione del Movimento Studentesco sulla scena politica mondiale, era
il ruolo e la funzione dell'intellettuale in senso lato, e
dello scrittore in particolare.

Nel suo saggio Calvino individua il « fulcro » della
questione e sconfessa la falsa impostazione del dibattito. Intanto, con una retromarcia che lasciò lí per lí
allibiti, rivaluta l'ermetismo, accusato in precedenza di
essere stato alla finestra durante il regime fascista. E
lo rivaluta in nome della « letteratura dell'assenza »,
del rifiuto di lasciarsi coinvolgere nella cronaca quotidiana, sempre effimera. In sostanza l'« uomo ermetico »
era un personaggio negativo, ma proprio con la sua
carica di negatività condannava la società coeva. Inutile illudersi, affermava Calvino, sia pure implicitamente, che l'intellettuale diventi parte integrante di un
partito, non importa quale: egli sarà sempre al di qua
e al di là, per conservare la sua libertà di giudizio.
L'eroe positivo è una mistificazione in quanto è il prodotto demagogico di una determinata ideologia. L'eroe
negativo è colui che invece non si appaga delle apparenze, o delle « magnifiche sorti e progressive », che
non si lascia integrare, che anzi si apparta per meglio
vedere, valutare, considerare la realtà sociale nel suo
complesso e tentare di estrarne le « linee di sviluppo ».
Calvino rivaluta in modo perentorio la funzione della
letteratura,

> « ... perché, tra le possibilità che s'aprono alla
> letteratura d'agire sulla storia, questa è la piú
> sua, forse la sola che non sia illusoria: capire a
> quale tipo d'uomo essa storia col suo molteplice,
> contraddittorio lavorio sta preparando il campo
> di battaglia, e dettarne la sensibilità, lo scatto
> morale, il peso della parola, il modo in cui esso
> uomo dovrà guardarsi intorno nel mondo; quelle

cose insomma che solo la poesia – e non per esempio la filosofia e la politica – può insegnare. »

Poi passa a considerare la figura del « personaggio », che, dalla nascita del romanzo borghese, ne è sempre stato il pilone portante. Calvino condanna il personaggio a « tutto tondo », balzachiano, anagrafico, che forse poteva avere una sua giustificazione nell'Ottocento, ma che ora non l'ha piú, in quanto la realtà è diventata infinitamente piú complessa e l'ideologia del « Partito » ha preso il suo posto, concretizzandolo nel vivo delle lotte:

> « I fatti reali sono sempre piú grossi e piú veri e istruttivi di quelli raccontati; e i militanti rappresentati nei libri restano troppo inferiori per evidenza umana, per novità storica, rispetto ai militanti che via via faticosamente si formano nella realtà ».

Ci sembra proficuo soffermarci su altri passi di questo saggio, che ci serviranno piú avanti:

> « La letteratura che vorremmo veder nascere dovrebbe esprimere nell'acuta intelligenza del negativo che ci circonda, la volontà limpida e attiva che muove i cavalieri negli antichi cantari o gli esploratori nelle memorie di viaggio settecentesche... I classici che piú ci stanno oggi a cuore sono nell'arco che va da De Foe a Stendhal, un arco che abbraccia tutta la lucidità razionalista settecentesca. Vorremmo anche noi inventare figure di uomini e di donne piene d'intelligenza, di coraggio e d'appetito, ma mai entusiasti, mai soddisfatti, mai furbi o superbi... Pensiamo a una rivincita dell'intelligenza umana e razionale sui due suoi maggiori nemici: la furbizia intellettualistica e allusiva e l'entusiasmo lirico irrazionali-

sta, panteista e falsamente generoso... In ogni poesia vera esiste un midollo di leone, un nutrimento per una morale rigorosa, per una padronanza della storia ».

E cita come modello esemplare la lezione di Giaime Pintor, letterato, uomo di cultura e d'azione, compiutamente anche se drammaticamente realizzatosi nella vita. (Giaime Pintor morí a ventiquattro anni per la libertà in uno dei primi episodi della Resistenza.)

Quasi a voler corroborare le sue tesi teoriche con un « esempio » creativo, Calvino pubblica due anni dopo (1957) due romanzi: *Il barone rampante* e *La speculazione edilizia*. Sembrano diametralmente opposti per impostazione e tematica, per tacere dello stile. Eppure sono le due facce della stessa medaglia, già abbondantemente spiegate ne *Il midollo del leone*. Nel primo viene in primo piano la « memoria settecentesca », l'ironia e la lucidità di un Voltaire; nel secondo un punto cruciale della società italiana. Le ragioni della fantasia e dell'impegno politico, « il parteggiare e il compromettersi » scaturiscono da un'unica matrice morale, che assume forme artistiche diverse a seconda dell'estro « biologico » e della « volontà » di intervenire nella lotta quotidiana, che animano di volta in volta Calvino.

Cosimo Piovasco di Rondò che vive la sua vita sugli alberi e si rifiuta di scendere a terra (*Il barone rampante*) e l'intellettuale Quinto Anfossi che tenta inutilmente di mettere ordine nel caos vitalistico e brutale della realtà economica del neocapitalismo sono entrambi dei personaggi negativi, dei « vinti », dei « falliti », ma che paradossalmente, nella loro ostinata negazione dell'ordine esistente, riescono almeno nell'impresa (negativa appunto perché non realizzata nella pratica) di denunciare il male.

Gli idoli polemici

Poco prima che iniziasse il decennio 1960-70 (caratterizzato, come è noto, dal cosiddetto boom economico, poi dalla congiuntura, dal centro-sinistra, dalle lotte studentesche e da quelle degli operai, che acquistano una piú alta coscienza sindacale; e caratterizzato altresí, nel campo specifico della letteratura, dalla tematica della neoavanguardia – il «Gruppo 63» – che dava luogo a reazioni d'ogni sorta e a polemiche accesissime tra «novatori», «tradizionalisti» e «mediatori»), Italo Calvino dà alle stampe *I giovani del Po*, scritto tra il 1950 e il 1951, ma pubblicato nel 1958 per le edizioni della rivista «Officina» (mai raccolto in un volume einaudiano, quindi pressoché irreperibile); *I racconti* (1958) in cui sono riuniti, oltre a quelli già conosciuti dal pubblico, gli importanti racconti lunghi o romanzi brevi *La formica argentina* e *La nuvola di smog*, e infine *Il cavaliere inesistente* (1959) che insieme al *Visconte dimezzato* e al *Barone rampante* conclude la trilogia «araldica». (L'anno seguente inserirà questa trilogia in un unico volume dal titolo *I nostri antenati* con una prefazione scritta di suo pugno e di cui daremo cenni piú avanti.)

Ma insieme all'attività creativa, Calvino prosegue il suo approfondimento delle ideologie emergenti o già consolidate all'interno di una problematica culturale, politica ed estetica. Dirige dal 1959 al 1965 la rivista «Il menabò» insieme ad Elio Vittorini che ne è stato l'effettivo ideatore e fondatore.

La realtà sociale italiana è in rapida trasformazione. La tecnologia ha posto sul tappeto problemi inediti; c'è una forte crisi di trapasso da una società di tipo agricolo, o prevalentemente agricolo, a una società industriale. Al solito lo scrittore, o meglio l'intellettuale, si trova nell'occhio del ciclone delle idee. Il clamoroso successo del *Gattopardo* (Milano, Feltrinelli, 1958) non è solo il segno premonitore di una restaurazione letteraria, di un ritorno al romanzo « ben fatto » di ottocentesca memoria, ma indica anche, e con una durezza neanche dissimulata, il disegno del neocapitalismo che per perseguire i suoi fini tecnologici, di pianificazione massificata e di consumismo privato indiscriminato, impone agli intellettuali la via da seguire: l'« integrazione » nel sistema.

In realtà l'intellettuale italiano, senza forse averne coscienza, è sempre stato un giullare di corte, uno sviolinatore del mecenate in auge, ma si è sempre riservato un certo margine di ironia e di sberleffo, insomma di libertà. Ora il neocapitalismo pretende che il giullare si trasformi in un manager, in un intellettuale « organico », un « consigliere » dell'azienda, in definitiva in un Machiavelli con tanto di stipendio e di privilegi.

Nel 1957, dopo il XX Congresso del PCUS, molti intellettuali di sinistra (tra i quali Calvino) avevano abbandonato il Partito Comunista (vedi la lettera di Calvino su « l'Unità » del 7 agosto 1957) e non volendo aderire ad altri partiti si erano tenuti in disparte dalle risse ideologiche e soprattutto dalla prassi. (I fatti d'Ungheria provocarono uno choc supplementare.) Come *Il visconte dimezzato*, l'intellettuale-scrittore-artista italiano, con una metà del suo cervello serviva il padrone del vapore, e con l'altra metà ne denunciava la tirannia con saggi e opere creative. Il compromesso non poteva che provocare nevrosi, talora irreparabili. Ma bisogna distinguere intellettuali da intellettuali: taluni servivano il padrone e l'arte con l'antica, buona coscienza dei Monti, dei Metastasio, ecc.; altri guardavano con occhio limpido alla loro condizione di dimezzati, che rispecchiava sotto nuove forme la marxiana separazione del lavoro, l'alienazione di chi vende la propria forza-lavoro a chi detiene i mezzi di produzione e quindi a chi ha il potere effettivo di decidere.

Alcuni, per sfuggire a questa drammatica situazione,

si volgevano al passato e coltivavano la memoria con l'accanimento di chi cerca affannosamente un alibi che sa inconsistente. Regredivano a un mondo pre-industriale o paleotecnologico per evitare lo scontro diretto con la realtà.

Non era certo il caso di Vittorini, né di Calvino. Il primo perché la sua fiducia nella storia e la passione di cambiarla con un'adeguata terapia politica gli impedivano di vagheggiare un ritorno all'infanzia; il secondo perché la sua formazione scientifica, di « impianto illuministico », lo spingeva (forse « *malgré soi* ») a credere che ogni progresso materiale non poteva essere accompagnato che da un progresso etico e culturale. In ogni caso non si poteva evadere dall'« hic et nunc » della storia, occorreva anzi affrontarne di petto i nodi cruciali con l'ausilio della ragione, che se non giova a cambiare nulla immediatamente, serve certo a illuminare la realtà. D'altronde, come aveva detto Cechov, non spetta all'artista di risolvere i problemi: il suo compito è di impostarli con chiarezza.

« Il menabò » trasferisce la tematica industriale nel campo della letteratura e il filo che unisce quasi tutti gli interventi dei collaboratori è permeato dalla volontà di impostare in giusti termini il rapporto groviglioso, contraddittorio, ambivalente e anche ambiguo tra « industria e letteratura ».

Gli apporti piú significativi di Calvino a questa problematica sono due saggi, anche questi memorabili: *Il mare dell'oggettività* e *La sfida al labirinto* (rispettivamente « Il menabò », 1960, 2 e « Il menabò », 1962, 5), nei quali riprende il discorso, in modo piú aggiornato e articolato, avviato nel *Midollo del leone*.

In entrambi i saggi Calvino oppone la sua visione razionalista a coloro che vorrebbero arrendersi al « mare degli oggetti » (merci-idee ma anche merci-uomini) convinti che solo con questa resa, con questa rappresentazione del « cosí è », si può dare un'adeguata raffigurazione artistica della realtà, e di conseguenza iniziare un processo rivoluzionario, almeno in letteratura. Per Calvino invece:

« Rivoluzionario è chi non accetta il dato naturale e storico e vuole cambiarlo. La resa all'oggettività, fenomeno storico di questo dopoguerra, nasce in un periodo in cui all'uomo viene meno la fiducia nell'indirizzare il corso delle cose [...] perché vede che "le cose" (la grande politica dei due contrapposti sistemi di forze, lo sviluppo della tecnica e il dominio delle forze naturali) "vanno avanti da sole", fanno parte d'un insieme cosí complesso che lo sforzo piú eroico può essere applicato solo al cercare di avere un'idea di come è fatto, al comprenderlo, all'accettarlo ».

Qui Calvino tenta, in teoria, di conciliare la sua natura di intellettuale che guarda e giudica magari dalla cima di un albero come *Il barone rampante* (un atteggiamento che non nasconde l'insidia di un certo aristocraticismo) e la sua « natura » ideologica che al contrario lo induce a voler cambiare in concreto il mondo, abdicando alle istanze della contemplazione e della comprensione cognitiva. Come vedremo è un tentativo eroico di conciliare gli inconciliabili poli del suo mondo estetico-poetico e ovviamente politico.

Però è riaffermata con rinnovata perentorietà la sua fiducia nella dialettica tra chi raffigura per immagini la realtà e chi vi agisce direttamente, fisicamente, e, diremmo, fisiologicamente. La salvezza, per Calvino, è nell'osmosi tra l'uomo pratico e l'uomo contemplativo, finché questa osmosi, in un tempo utopistico forse, non si risolverà in identità, secondo una profezia marxiana. (Ricordiamo, tra parentesi, la famosa frase di Marx della undicesima *Tesi su Feuerbach*: « I filosofi hanno diversamente "interpretato" il mondo, ma si tratta di trasformarlo ».)

Nella *Sfida al labirinto* l'idolo polemico di Calvino, o meglio i suoi idoli polemici sono da una parte il « nouveau roman » della scuola letteraria francese nata all'insegna dei Robbe-Grillet, dei Butor, ecc., dall'altra la neoavanguardia italiana che nega ogni comunicazione, perché in ogni caso la « comunicazione » non potrà essere che un « medium » della borghesia. Calvino non condanna il « labirinto », il caos dell'oggettività in quanto tale, anzi gli riconosce una funzione terapeutica contro le « visioni semplicistiche » dei narratori tradizionali che continuano imperterriti a usare i vecchi strumenti espressivi del tutto anacronistici; egli però vuole sfidare il « labirinto », cioè indurlo a non chiudersi su se stesso (come nel narratore argentino Jorge Luis Borges), ma a « trovare una via d'uscita », a non arrendersi al dato puro, o all'« ordine esistente » per usare una formula di Marcuse.

Rispondendo a un'inchiesta su *La generazione degli anni difficili* (Bari, Laterza, 1962) quasi all'epilogo della sua « confessione », Italo Calvino scrive:

> « Almeno due cose in cui ho creduto lungo il mio cammino e continuo a credere, vorrei segnare qui. Una è la passione per una cultura globale, il rifiuto della incomunicabilità specialistica per tener viva un'immagine di cultura come un tutto unitario, di cui fa parte ogni aspetto del conoscere e del fare, e in cui i vari discorsi d'ogni specifica ricerca e produzione fanno parte di quel discorso generale che è la storia degli uomini, quale dobbiamo riuscire a padroneggiare e sviluppare in senso finalmente umano. (E la letteratura dovrebbe appunto stare in mezzo ai linguaggi diversi e tener viva la comunicazione tra essi.) ».

E alle parole, un anno dopo (1963), fa seguire i fatti, sempre nell'unico modo possibile a uno scrittore, per il quale i « fatti » sono le immagini scritte sulla carta. Con *La giornata d'uno scrutatore* (romanzo nato da una diretta esperienza di Calvino in un seggio elettorale), il narratore ligure sembra quasi ritornare al neorealismo degli esordi, al documento e alla testimonianza di un lacerto di umanità che neanche si può piú chiamare tale: quella che vive nel Cottolengo di Torino. Anche questa volta il romanzo sembra una risposta polemica di un'ambiguità sconcertante: da un lato si ha l'impressione che voglia atrocemente irridere alle poetiche della neoavanguardia; da un altro punto di vista il tema e lo stile dello *Scrutatore* appaiono non tanto una sfida al «labirinto» quanto una clamorosa e fragorosa smentita a quei critici che ormai avevano incasellato la narrativa di Calvino nell'ipotetica rubrica: «fabulatori moderni». Lo «scoiattolo della penna» sfugge elegantemente alle fucilate degli imbalsamatori e dei critici. In effetti il libro nasce dall'urgenza etica di Calvino di «comunicare», di stare «in mezzo» a linguaggi diversi (quello politico in senso estensivo, quello letterario in senso specifico).

Tra gli alberi di Parigi

Marcovaldo (che porta come sottotitolo *ovvero Le stagioni in città*), che Calvino pubblica nello stesso anno dello *Scrutatore*, a un occhio superficiale può sembrare del tutto avulso dal contesto socio-politico-culturale da cui è nata la vicenda del Cottolengo. Di fatto non è che la ripresa, in chiave grottesca o fiabesca, come la si voglia giudicare, della tematica della emarginazione o della impossibile integrazione di un'umanità degradata sociologicamente, psicologicamente e fisiologicamente in un universo di rapporti che non le appartiene, che sente non suoi. Beninteso, il termine degradazione è usato in riferimento ai parametri di una società affogata nel benessere, o alienata al falso benessere, insomma di una società borghese che persegue i soli valori materiali ammantandoli di un filisteo perbenismo.

Nel 1964 Einaudi pubblica la nuova edizione del *Sentiero dei nidi di ragno* e Calvino la fa precedere da una prefazione che non si sa se definire ironica, o seccata, o divertita, o addirittura intrisa di *humour noir*. Fatto sta che è una prefazione godibile alla lettura quasi quanto il romanzo. Calvino fa un bilancio della stagione del neorealismo, poi spiega come gli nacque il libro; quindi fa alcune considerazioni generali sulla letteratura; abbandona il filo del discorso, lo riprende, lo riabbandona, e in questo « scoiattolare » inserisce alcuni pensosi ragionamenti sulle radici stesse dello scrivere. (« Un libro scritto non mi consolerà mai di ciò che ho distrutto scrivendolo... Lo scrittore si trova ad essere il piú povero degli uomini... il primo libro sarebbe meglio non averlo mai scritto. » E cosí via.) Arriva a dichiarare che doveva scrivere la prefazione al libro di Fenoglio[2] « non al mio », in quanto Calvino riconosce che soltanto Fenoglio aveva saputo rappresentare con chiarezza e poesia il clima della Resistenza. (Ed è vero, specie dopo la scoperta dei manoscritti del *Partigiano Johnny*.)

La prefazione contiene però anche una dichiarazione « gravida di conseguenze », come direbbero i politici. « Volevo combattere su due fronti, lanciare una sfida ai detrattori della Resistenza e nello stesso tempo ai sacerdoti d'una Resistenza agiografica ed edulcorata. » (Cioè, fuor di metafora, ai propagandisti culturali del Partito Comunista.) E si capisce perché questi « sacerdoti » prendessero cappello, dato che Calvino aveva militato nel Partito Comunista e aveva, tra l'altro, fatto la Resistenza di persona. Ma Calvino non attaccava la Resistenza, tutt'altro; attaccava il « mito », la « leggenda » della Resistenza, e da un illuminista come lo scrittore

[2] *Un giorno di fuoco*, Milano, Garzanti, 1963.

ligure, non ci si poteva francamente aspettare un atteggiamento diverso.

Ma la frattura tra Calvino e l'intellettualità italiana nel suo insieme (specie con quella sedicente di sinistra) è ormai un fatto compiuto, una scelta che ha tutta l'aria di essere irrevocabile. Pur mantenendo i suoi contatti con l'Italia attraverso la mediazione, diciamo cosí editoriale, della Einaudi, di cui è consulente, Calvino si trasferisce nel 1964 a Parigi.

In una succinta e gustosa biografia inviata all'editore Franco Maria Ricci per il quale ha scritto una novella fiabesca o ariostesca o cavalleresca che accompagna l'edizione iconografica dei *Tarocchi* (il mazzo visconteo di Bergamo e di New York), Calvino parla di sé in questi termini:

« Sono nato nel 1923 sotto un cielo in cui il Sole raggiante e il cupo Saturno erano ospiti dell'armoniosa Bilancia. Passai i primi venticinque anni della mia vita nell'a quei tempi ancora verdeggiante Sanremo, che univa apporti cosmopoliti ed eccentrici alla chiusura scontrosa della sua rustica concretezza; dagli uni e dagli altri aspetti restai segnato per la vita. Poi mi tenne Torino operosa e razionale, dove il rischio d'impazzire (come già il Nietzsche) non è minore che altrove. Vi arrivai in anni in cui le strade si aprivano deserte e interminabili per la rarità delle auto. Per abbreviare i miei percorsi di pedone attraversavo le vie rettilinee in lunghe oblique da un angolo all'altro – procedura oggi, oltre che impossibile, impensabile – e cosí avanzavo tracciando invisibili ipotenuse tra grigi cateti. Sparsamente conobbi altre inclite metropoli, atlantiche e pacifiche, di tutte innamorandomi a prima vista, d'alcune illudendomi di averle comprese e possedute, altre restandomi inafferrabili e straniere. Per lunghi anni soffersi di una nevrosi geografica: non riuscivo a stare tre giorni di seguito in nessuna città o luogo. Alla fine elessi stabilmente sposa e dimora a Parigi, città circondata da foreste di faggi e carpini e betulle, in cui passeggio con mia figlia Abigail, e circondante a sua volta la Bibliothèque Nationale, dove mi reco a consultare testi rari, usufruendo della Carte de Lecteur n. 2516. Cosí, preparato al Peggio, sempre piú incontentabile riguardo al Meglio, già pregusto le gioie incomparabili dell'invecchiare... ».

Si sarà capito, speriamo, che il riportare il brano di questa lettera non è stato un semplice nostro capriccio mondano, ma un offrire al lettore un segmento, magari minimo, di quelle coordinate che ci permetteranno di individuare e « situare » Calvino. Se le note autobiografiche hanno un senso, lo hanno per aiutarci a capire l'opera, non l'autore. E perciò diamo anche quest'altra notizia: nel 1964 si sposa, sua moglie è argentina, d'origine russa, traduttrice dall'inglese. Nel 1965 ha una figlia (Abigail). I suoi libri piú recenti testimoniano un ritorno a una sua passione giovanile: le teorie astronomiche e cosmologiche che egli utilizza per costruire un repertorio di moderni « miti d'origine » sul tipo di quelli delle tribú primitive. Significativo è in questo senso l'omaggio che egli rende a uno scrittore paradossalmente enciclopedico come Raymond Queneau traducendone il romanzo *Les fleurs bleues*.[3]

Le teorie astronomiche e cosmologiche (« una sua passione giovanile »: ma non lo sapevamo, finora) sono la sostanza di idee che danno forma agli ultimi libri di Calvino apparsi in volume: *Le Cosmicomiche* (1965) e *Ti con zero* (1967).

In questi libri sembra davvero che il filo invisibile

---

[3] *I fiori blu*, Torino, Einaudi, 1969.

ma concreto, sia pure contorto e contraddittorio, che unisce i vari momenti del fare letterario di Calvino, venga spezzato di netto. Calvino si cimenta, e con evidente piacere, con i temi della fantascienza, un genere che fa parte, per quasi unanime consenso dei critici abbarbicati a un vieto umanesimo e alle teorie crociane, della cosiddetta letteratura di consumo. Ma la fantascienza di Calvino non ha nulla a che vedere con i libri di uno Scheckley, o di un Clarke, o di un Ballard, o di un Bradbury. La fantascienza caso mai gli serve come trampolino di lancio per attingere i «miti d'origine», che poi sono i miti eterni dell'umanità, sebbene ritradotti continuamente e variamente interpretati, soprattutto a livello inconscio, a seconda delle circostanze storiche e dell'evoluzione tecnologica in un determinato periodo. Questa volta Calvino non sale sugli alberi come Cosimo Piovasco di Rondò, il protagonista del *Barone rampante*, ma sale addirittura nei cieli infiniti del tempo e dello spazio. Una fuga dalla realtà? Può darsi. Può darsi invece che per l'ennesima volta Calvino abbia sentito la necessità di «alzarsi» e di «retrodatarsi» per meglio comprendere «donde veniamo, chi siamo, dove andiamo», che sono i tre interrogativi fondamentali di ogni «teologia storica».

In un'intervista rilasciata a Raffaele Crovi, il quale fu segretario della rivista «Il menabò», Calvino dichiarò tra l'altro: «Alle volte bisogna saper restare soli; è l'unico modo per far capire che le cose che contano non sono quelle». (Calvino si riferiva, con «quelle», ai premi letterari in generale: aveva infatti appena rifiutato il «Viareggio», 1968.) Ma nell'intervista citata (apparsa sul quotidiano «Avvenire» il 20 luglio 1969) c'è una dichiarazione che ci interessa molto di più ai fini del nostro saggio. Alla domanda sui pericoli che corre uno scrittore quando si apparta, quando non interviene più «su problemi culturali e anche politici», Calvino risponde:

« C'è un bisogno giovanile d'essere in mezzo alle cose che succedono, che è una sacrosanta necessità vitale oltre che storica. Sono contento di aver vissuto questa stagione quando ero giovane, ma penso che con la maturità bisogna trovare un altro ritmo. Se no si diventa uno dei tanti "mandarini" che corrono dietro all'attualità e sputano sentenze su tutto. A quello che succede continuo a stare molto attento; continuamente scopro che il mondo è diverso da come via via me lo immagino; per questo cerco di parlare solo di ciò su cui mi sono fatto una opinione chiara, e non ho alcuna fretta ad arrivare a delle conclusioni ».

E in un'altra intervista rilasciata a « Le Monde » («Le monde des livres», 25 aprile 1970) ribadisce quale è la sua «opinione chiara» sulla letteratura. « Ogni racconto riscopre una struttura logica. Ogni pensiero è all'inizio un racconto ». (Nella intervista Calvino usa il termine francese *récit*, difficile da tradurre in italiano con esattezza.) « Io sono solamente un narratore che segue la logica interiore del suo racconto. Insomma, il contrario di un filosofo. » (E qui rifiuta l'etichetta applicata, se non appiccicata, alla sua opera come intrisa dello spirito del *conte philosophique* di ascendenza voltairiana.)

« È vero che io amo molto il diciottesimo secolo. Un diciottesimo secolo che si allarghi di molto dai suoi limiti temporali: ultimamente ho scoperto Charles Fourier (è una riscoperta che è nell'aria, lo sento) e sto preparando per l'edizione italiana una vasta scelta sistematica della sua opera,[4] una scelta tale che non esiste neppure in Francia. Intendo dire che il mio diciottesimo secolo si situa in mezzo al disegno di costruzione cosmogonica

[4] Poi effettivamente uscita nel maggio 1971.

che viene dal Rinascimento, da Giordano Bruno, da piú lontano ancora: l'uomo contribuisce con la sua immaginazione e il suo lavoro alla autocostruzione continua dell'universo. »

E su questa ennesima dichiarazione di fiducia nel potere dell'uomo di dominare il suo destino e quello della storia possiamo tranquillamente concludere questa breve biografia intellettuale (ma anche, per molti aspetti, anagrafica) di Calvino.

Manca la citazione dei « premi » vinti dal nostro scrittore. Nominiamo i piú importanti: « Premio Riccione » 1947 per *Il sentiero dei nidi di ragno*; il « Viareggio » 1957 per *Il barone rampante*; il « Bagutta » 1959 per *I racconti* e il « Veillon » 1962 per *La giornata d'uno scrutatore*. Ciò che Calvino pensa oggi dei premi letterari lo ha dimostrato rifiutando il « Viareggio » 1968, come abbiamo rimarcato piú sopra.

Roma, i viaggi, la morte

Nel 1980 Calvino si trasferisce da Parigi a Roma, dove affitta un appartamento. Vi abita con la moglie e la figlia. Intensifica la sua presenza di commentatore politico e di costume. I suoi interventi vertono sui grandi problemi civili e militari, sulle disfunzioni che insidiano la convivenza, sui pericoli che incombono sul mondo. Ma non disdegna di commentare anche la cronaca spicciola. Ora le sue prese di posizione piú significative appaiono su « Repubblica », il giornale fondato da Scalfari, al quale Calvino si sente legato fin dagli anni del liceo.

Il suo atteggiamento verso la società letteraria è cambiato. Non osteggia piú i premi, e nel riceverli ne approfitta per chiarire le sue idee sulla letteratura italiana attuale e sulla funzione dello scrittore, che considera sempre piú marginale. Tuttavia, il suo pessimismo sfocia quasi sempre in una sorta di riedizione dell'« ottimismo della volontà » nel potere della parola scritta e creativa. Nelle sue interviste appare, quasi a sorpresa, l'insofferenza per l'etichetta di scrittore illuminista, che si porta dietro dai tempi della « Trilogia degli Antenati ».

Scrive numerose recensioni a libri e mostre abnormi. Interviene pubblicamente per il centenario di Voltaire, di Rousseau, di Stendhal. Ha continuato a viaggiare: Stati Uniti, Giappone, Messico, Israele, Iran.

La crisi economica della Einaudi colpisce Calvino, oltre che nei suoi affetti culturali, anche finanziariamente. Lascia la Einaudi per Garzanti.

Il 6 settembre 1985, mentre si trovava in vacanza a Castiglione della Pescaia, preparando alcuni testi per delle conferenze che avrebbe dovuto tenere negli Stati Uniti, viene colpito da *ictus* cerebrale. A Siena subisce un delicato intervento chirurgico. Al risveglio dalla anestesia, mormora, vedendo i tubi di plastica e il recipiente della fleboclisi: « Mi sento come un lampadario ».

Muore il 19 settembre e viene sepolto a Castiglione della Pescaia.

II

LE OPERE

Il sentiero dei nidi di ragno

« Basta un grido di Pin, un grido per incominciare una canzone, a naso all'aria sulla soglia della bottega, o un grido cacciato prima che la mano di Pietromagno il ciabattino gli sia scesa tra capo e collo per picchiarlo, perché dai davanzali nasca un'eco di richiami e d'insulti [...] Ma già Pin è in mezzo al carrugio, con le mani nelle tasche della giacca troppo da uomo per lui, che li guarda in faccia uno per uno senza ridere... »

Cosí è presentato Pin all'inizio del romanzo (scritto nel '46, ma pubblicato nel '47). È un ragazzo, ma la vita, anzi la malavita in cui è cresciuto, lo ha reso adulto anzitempo, e tuttavia conserva della fanciullezza l'aria baldanzosa, scanzonata, irriverente. Fa da « ruffiano » alla sorella che, durante l'occupazione tedesca e le prime avvisaglie della guerra civile, si è data a un mestiere diremmo consono ai tempi. Pin fa il suo « lavoro » con indifferenza, con cinismo, senza rimorsi di alcun genere. Si direbbe uno scugnizzo napoletano trapiantato in un paese della Liguria (Sanremo).

Mentre i romanzi della Resistenza e sulla Resistenza cominciavano in genere con la presentazione di eroi

« positivi » impegnati a combattere il nazifascismo, Calvino inizia il suo romanzo presentando un personaggio negativo, per di piú tratto dall'ambiente della malavita, dell'abiezione fisica e morale di un'umanità che ha come solo valore la dignità paradossale di essere ai margini: antiborghese, antifascista, antiliberale, antitutto insomma. Un'umanità che sul piano biologico potremmo definire animalesca, sul piano sociale, come appartenente al sottoproletariato, e sul piano ideologico, anarchica, nel significato piú ampio del termine.

Ma è proprio cosí degradata questa umanità? È proprio cosí negativa? Forse sí, forse no. Forse è soltanto il volto dell'umanità « vera » prima che si affacciasse all'orizzonte la « linea » della « Storia ».

E la storia (stavolta con l'iniziale minuscola) prende l'aspetto di una rivoltella che si trova nella fondina di un soldato tedesco. La storia si presenta subito con la violenza, o almeno con uno strumento di violenza. Poteva essere un coltello di pietra, una mazza ricavata da un ramo contorto e nodoso. Qui è una rivoltella. Il progresso tecnologico ha già mandato in frantumi il sogno di Rousseau. La guerra contamina la presunta pacificazione degli esseri umani in un universo « naturale ». Rousseau non sognava, delirava: comunque la sua era una generosa e nobile teoria. E Calvino la custodiva dentro di sé, come un tesoro o uno stimolo da opporre, con stoicismo, alla cecità della catastrofe voluta dagli uomini.

Pin non è certamente il *bon sauvage*, ma è indubitabile che è un *sauvage*, ed è quindi vicino alla natura idealizzata da Rousseau. Somigliante, non uguale. Pin è già nella Storia, ha dietro e intorno a sé secoli e secoli di miseria, di angherie, di frustrazioni, di desideri di riscatto inappagati. In ogni caso è al di qua, o al di sotto di quella che si usa chiamare la « coscienza della situazione storica ».

Tanto vero che ruba la pistola al tedesco, mentre costui è in commercio amoroso con la sorella, senza sapere che cosa di preciso quel furto significhi. Glielo hanno suggerito alcuni uomini in un'osteria e lui ha eseguito, ma piú per provare il suo coraggio che per dare soddisfazione ai mandanti. Una volta rubata la pistola, decide di tenersela. È un oggetto prezioso per lui, l'arma lo esalta. Corre nel sentiero che lui solo conosce, osserva i nidi di ragno e nasconde la pistola sottoterra.

Lo schema della fiaba è già presente, sia pure in forma molto sfumata, nell'« oggetto favoloso » cioè, in questo caso, nell'arma che dà potere e potenza, come è, appunto, nella tradizione delle fiabe di tutti i tempi e di tutte le latitudini, secondo la grande lezione[1] dell'etnologo russo Vladimir J. Propp.

A riprova ci sono i nomi che Calvino affibbia ai suoi personaggi: Pin potrebbe essere il diminutivo di Pinocchio, poi c'è Lupo Rosso, il Dritto, Giraffa, il commissario Kim (come il protagonista dell'omonimo romanzo di Kipling) e infine il falchetto Babeuf. (Gracchus Babeuf, nato nel 1760 e morto nel 1797 fu il primo rivoluzionario sociale moderno. Fece propria la causa del popolo lavoratore, che allora non era costituito solo da operai, ma anche da numerosi piccoli produttori, artigiani, piccoli e medi commercianti e contadini. Secondo Werner Hofmann,[2] le molteplici aspirazioni di questi gruppi tutt'altro che omogenei confluirono in un pensiero dominante di Babeuf, quello dell'uguaglianza universale. Le idee gliele fornì la filosofia dell'illuminismo, le armi la rivoluzione.) Questa parentesi non è gratuita: non è stata aperta per un falchetto. Tutt'altro: si sarà ormai capito che Babeuf è un nome-simbolo dello spirito della guerra partigiana, ed è an-

---

[1] *Morfologia della fiaba*, Torino, Einaudi, 1966.
[2] *Da Babeuf a Marcuse*, Milano, Mondadori, 1971.

che un segno della cultura del giovane autore espressa con una ironia tangenziale, di sbieco, allusiva.

Per tornare all'intreccio del *Sentiero dei nidi di ragno* e schematizzando al massimo, Pin viene catturato dai tedeschi. In prigione conosce il partigiano Lupo Rosso e insieme fuggono. Durante la fuga Pin perde di vista il partigiano, vaga per i boschi finché non incontra un uomo della banda del Dritto. «Nel distaccamento del Dritto ci mandano le carogne, i piú scalcinati della brigata.» Dritto è il contrario del partigiano che ha una coscienza di classe: è un individualista, «nelle azioni vuole sempre fare di testa sua e gli piace troppo comandare e poco dare l'esempio». Inoltre si dichiara sempre malato: «... preferirebbe starsene tutto l'anno al sole...». Ma è un uomo di coraggio, e nella guerra partigiana non si può fare a meno di nessuno.

Nella banda del Dritto, Pin si trova come a casa sua, nel suo quartiere: gli uomini che vede per la prima volta sono uomini che ha visto da sempre; anche il personaggio di nome Cugino, l'«odiatore delle donne», gli è in qualche modo familiare. Per Pin, la guerra fatta cosí, in quella banda di derelitti, è un'avventura come un'altra. E le cose che vi accadono, come l'amore del Dritto per la moglie del cuoco e la vendetta di questi che appicca il fuoco all'accampamento, non lo sorprendono piú che tanto. Questo tono avventuroso si interrompe bruscamente quando, nel capitolo nono, arriva il commissario Kim per indagare su chi ha provocato l'incendio. Kim è studente, «ha un desiderio enorme di logica, di sicurezza sulle cause e gli effetti, eppure la sua mente s'affolla a ogni istante d'interrogativi irrisolti». Non è arbitrario supporre che nel commissario Kim Calvino abbia voluto adombrare se stesso; ed è per questo che, come diremo piú avanti, a taluni critici[3] il capitolo nono è parso una stonatura

---

[1] Vedi Claudio Varese, «Nuova Antologia», maggio 1948.

stilistica, un'indebita intrusione autobiografica. È invece l'episodio della presa di coscienza della guerra partigiana, del suo significato. La violenza e l'odio esistono in entrambi i fronti, in quello partigiano e in quello fascista. Ma Kim è certo di una cosa: lui e i suoi combattono per costruire un'umanità senza piú rabbia, « serena, in cui si possa non essere cattivi ». Sono dalla parte della storia, del progresso. Negli altri – i fascisti – l'odio, il furore, perfino gli « ideali » non sono molto dissimili, biologicamente, da quelli dei partigiani. Ma c'è una differenza, apparentemente minima, ma decisiva: i fascisti combattono per « perpetuare quel furore e quell'odio », per ribadire il loro sistema mentale e politico fondato sul dominio brutale dell'uomo sull'uomo. « Questo è il vero significato della lotta » pensa Kim, « il significato vero, totale al di là dei vari significati ufficiali. » E tuttavia Kim non è un uomo sereno. « Sereni erano i suoi padri, i grandi padri borghesi che creavano la ricchezza. Sereni sono i proletari che sanno quel che vogliono... » Il tono di predica demagogica è evidente, e si nota anche un certo manicheismo che non appartiene affatto alla poetica e alla cultura di Calvino.

Non appartiene soprattutto al mondo di Pin in cui, semmai, il manicheismo si manifesta in forma istintiva, non certo come problema politico. Sicché quando si mette a odiare il partigiano Pelle che è passato dalla parte dei fascisti, il suo primo pensiero corre alla pistola nascosta, all'oggetto magico, il cui nascondiglio ha rivelato al traditore senza accorgersene. E c'è una pagina molto bella, commossa nell'accezione esatta del termine, allorché Pin corre verso il sentiero dei nidi di ragno e si accorge che quell'angolo di paradiso che aveva scoperto e si era tenuto per sé, come l'unica cosa buona che gli fosse rimasta al mondo, è stato devastato dal traditore Pelle, che nella sua affannosa ricerca della pistola ha distrutto tutto. Perduto il paradiso, privo dell'oggetto magico, « cosa farà adesso », Pin? Piange, « a testa tra le mani. Nessuno gli ridarà piú la sua pistola ».

Per la prima volta in tutto il romanzo piange lacrime vere. E piange perché gli hanno rubata una pistola, un'arma costruita per uccidere. Che senso ha questo pianto? Per un ragazzo cresciuto nel *milieu* del sottoproletariato un'arma è sí un giocattolo magico, ma anche l'unico, amarissimo strumento di un possibile riscatto, benché ancora una volta non ne abbia la minima coscienza.

Pin poi ritrova la pistola in camera della sorella, la prostituta che è stata con il traditore. Se ne impossessa e fugge non prima d'avere insultato sanguinosamente la sorella: « Cagna! Spia! ». La guerra partigiana ha dato a Pin un barlume di coscienza di classe, ma solo un barlume, che subito si spegne quando ritorna sul sentiero dei nidi di ragno, a mostrare all'unico amico che gli sia rimasto, il personaggio chiamato Cugino, il suo paradiso, il regno della natura distrutto da « quel fascista di Pelle ». Ed entrambi si augurano che il regno si ricostruirà a poco a poco da sé, che la natura tornerà a vincere sull'ira cieca e brutale degli uomini.

È notte, le lucciole emettono i loro intermittenti bagliori. Sembrano meravigliose, ma per Pin, viste da vicino, le lucciole « sono bestie schifose anche loro ». Calvino « chiude » distanziandosi sia dalla storia che dalla natura.

Ultimo viene il corvo

Sotto questo titolo Calvino raccoglie tutti i racconti scritti fino al 1949, data di uscita del volume. C'è per esempio *Andata al comando*, uno dei suoi primi componimenti brevi, apparso sul « Politecnico » di Vittorini nel 1946.

Il libro è diviso in quattro parti a ognuna delle quali corrisponde un gruppo di racconti. Lo stile è ancora quello del Calvino del *Sentiero dei nidi di ragno* con una accentuazione, specie nella prima parte, dei motivi resistenziali, della crudeltà necessaria nel clima della guerra civile. Il segno rapido, secco, impietoso, e un po' schematico, risente in maniera palese di quella stagione. In *Andata al comando* lo scrittore sembra addirittura altrove: guarda, riferisce le parole dei due protagonisti, registra dall'esterno i loro movimenti, e solo verso la fine, con un cambiamento di rotta significativo, Calvino si mette, per cosí dire, nella testa della vittima, una spia fascista fucilata da un partigiano il quale fino all'ultimo aveva taciuto al condannato a morte il significato della loro passeggiata attraverso i boschi:

« Cosí rimase cadavere, nel fondo del bosco, con
la bocca piena d'aghi di pino. Due ore dopo era
già nero di formiche ».

Questa la chiusa del racconto. Non una parola di piú, non un giudizio. Ma il giudizio è implicito. Mentre muore, la spia fascista pensa: « Crede d'avermi ucciso, invece vivo ». Il male trionfa anche dopo che è stato « ucciso ».

Entrare nella psicologia dei personaggi, frugare addirittura in quei barlumi di immagini che si accavallano nel cervello di uno che sta per scomparire per sempre, non rientra nella tecnica compositiva di Calvino, anzi gli ripugna. Egli ha bisogno della distanza, di frapporre fra sé e i suoi personaggi come una lente, o meglio un binocolo. Che cosa significa allora questa sua intrusione nella psicologia di un moribondo? A parte le suggestioni narrative che gli derivavano dalla frequentazione con certi testi, a noi pare che Calvino (il Calvino dei vent'anni) abbia avvertito una sorta di solidarietà biologica con la vittima, quasi un rimorso ancestrale di non essere unito nel suo stesso destino, e nel contempo l'esigenza che, in una determinata situazione, il dovere di chi combatte per una causa giusta non può essere assolutamente messo in dubbio. Si tratta di un'ambivalenza, per non dire ambiguità, amara, che Calvino descrive senza caricarla di retorica.

Ma piú amaro ancora, se possibile, è il racconto che dà il titolo al volume: *Ultimo viene il corvo*. Un ragazzo, capitato per caso tra i partigiani e aggregato per la sua mira infallibile, comincia a sparare agli uccelli, alle pigne, ai ghiri, alle lepri, ogni volta facendo centro ed esultando intimamente di gioia. Un nemico, accucciato dietro un masso, crede che il ragazzo miri proprio a lui. In effetti il ragazzo è tutto preso dalla sua abilità di cacciatore, il nemico non è che un bersaglio tra gli altri: si tratta certo di ucciderlo, ma con la stessa tranquilla indifferenza con cui si uccide un passero. D'improvviso un corvo si mette a volteggiare nel cielo. Il nemico (Calvino lo chiama genericamente il « soldato ») si augura che l'attenzione del ragazzo si concentri su quella preda ambita.

> « Quando [il soldato] rialzò il capo era venuto il corvo! C'era nel cielo sopra di lui un uccello che volava a giri lenti, un corvo forse. Adesso certo il ragazzo gli avrebbe sparato. »

E il ragazzo spara, ma il corvo non cade. Il soldato non riesce a rendersi conto come mai l'infallibile tiratore adesso non riesca a colpire il bersaglio. Forse il ragazzo non l'ha visto. Il soldato allora si alza dal suo nascondiglio e indica la preda. In quell'istante « il proiettile lo prese giusto in mezzo a un'aquila ad ali spiegate che aveva ricamata sulla giubba ».

Nel binomio aquila finta e corvo vero si può anche scorgere la contrapposizione in chiave simbolica (ma di un simbolismo, anche qui, un po' semplicistico) della « nuda » verità del ragazzo rispetto alla grottesca e artefatta insegna del soldato. È un'interpretazione che potrebbe essere vantaggiosamente sviluppata. Ma a noi preme sottolineare che Calvino ha ancora messo al centro del suo breve racconto un ragazzo, proseguendo il discorso narrativo del *Sentiero dei nidi di ragno* e lo sviluppo della tematica infanzia-maturità implicita in Pin. L'infanzia è il momento in cui l'umanità si integra con la natura, non leopardianamente matrigna, ma benigna. Nella maturità succede il contrario: l'adulto, gettato nei conflitti sociali e storici, è costretto non solo a scontrarsi con i suoi simili e, all'occorrenza, a ucciderli, ma anche a violentare l'armonia della natura.

La stessa problematica, o tematica, è ripresa in altri racconti, come *Il giardino incantato* e *Un bel gioco dura poco* (quest'ultimo, scritto nel 1952, sarà poi incluso nei *Racconti*). Nel primo, Giovannino e Serenella, dopo aver giocato giochi capricciosi ed essersi divertiti sui binari ferroviari, finiscono in un giardino di una villa signorile. Vi si inoltrano con la trepidazione di chi si incammini verso una terra stregata e promessa, ma irraggiungibile. Entrano nella villa, poi in una stanza « ombrosa con collezioni di farfalle alle pareti ». Vedono un ragazzo pallido, triste, intento a sfogliare un grosso libro illustrato. Ha un'aria malata. Giovannino e Serenella scappano: quell'apparizione ha rovinato la loro felicità di creature sane e libere. Lo stesso senso ha *Un bel gioco dura poco*, i cui protagonisti sono ancora Giovannino e Serenella che mentre giocano a fare la guerra s'imbattono in soldati veri, con armi vere: il male si insinua nella felicità dell'adolescenza e le dà uno strappo. Ma l'andamento di ballata fiabesca non è mai interrotto, anche quando ci sono di mezzo rastrellamenti e profughi e odore di morte (si legga *Il bosco degli animali*). Perciò ci pare perspicua la definizione di Anna Banti che a proposito di questi racconti parla di « fiabe nordiche, radicate nella terra del monte e del sottobosco e brulicanti di presenze, tanto piú fantastiche, quanto piú umili ». Sicché « la moralità che ne risulta, se pure il fatto è nuovo, sembra vecchia di secoli ».

L'entrata in guerra

Dopo quella che poteva sembrare una parentesi, una vacanza, uno scherzo, un *divertissement* (e non lo era), insomma dopo *Il visconte dimezzato* (1952) di cui parleremo quando prenderemo in esame *I nostri antenati*, Italo Calvino pubblica nel 1954 *L'entrata in guerra*, ancora un volume di racconti, stavolta tre, e precisamente, oltre a quello che dà il titolo alla raccolta, *Gli avanguardisti a Mentone* e *Le notti dell'UNPA*.

È un viaggio a ritroso, fino al punto esatto in cui l'Italia entra in guerra: 10 giugno 1940. Si direbbe che Calvino voglia risalire alle origini non della sua scelta di diventare scrittore, ma delle successive scelte politiche. Il trittico è, a conti fatti, una autocritica. Il giovane avanguardista che compare in tutti e tre i racconti è Calvino stesso, solo un po' camuffato dalla finzione letteraria.

L'avanguardista è un figlio della borghesia, antifascista per educazione ricevuta, non per convinzione maturata politicamente. Della guerra vede l'aspetto esteriore, non le profonde ragioni. Tra evacuazioni, saccheggi, bombardamenti, il giovane protagonista di Calvino si muove come un automa, impacciato dalla divisa che ha addosso. E prova un attimo di sollievo quando quella divisa (che gli è stata imposta o che ha deciso di mettersi piú per inerzia che per adesione al fascismo) se la toglie e si riconosce nel « borghese » che è sempre stato.

La guerra non voluta, non desiderata, anzi aborrita perché viene a distruggere il quieto ordine casalingo, i diporti al mare con l'amico Ostero e gli scherzi con le ragazze, insomma tutto l'universo di un liceale in certo modo soddisfatto (non sempre), questa guerra Calvino la guarda con scetticismo. Si dà da fare per aiutare i profughi, gli umili cui accadono eventi al di sopra della loro comprensione, ma sente anche che la sua è la condizione di un estraneo capitato lí per caso.

Nel 1954, dunque riandando al passato, alla sua adolescenza e giovinezza, Calvino non accampa alibi, non dice, come faranno tanti altri coetanei, che aveva già capito tutto. No, non ha capito nulla, se non la pura e nuda sofferenza di chi è cacciato dalle proprie case ed è costretto a cercarsi un rifugio. Durante un bombardamento, il suo occhio etico, se cosí possiamo esprimerci, si sofferma su un bimbo della « città vecchia che nel buio s'era versato addosso una pentola d'acqua bollente ed era morto ». La sua pietà sta tutta qui: è generica. Può nascere in qualunque circostanza. « Cosí ero stato un po' a baloccarmi » nel trambusto e nell'eccitazione della città bombardata, « tra cinismo e moralismo, come spesso m'accadeva, in un finto dissidio, e avevo finito per darla vinta al moralismo, non senza rinunciare al gusto d'un atteggiamento cinico ».

È il distacco dell'aristocratico che considera tutto come un gioco, crudele sí, ma sempre gioco. Tanto che quando passa Mussolini in persona, festeggiato e applaudito, all'avanguardista viene in mente di non guastargli la festa, di farsi vedere piú alacre, piú partecipe alla « guerra del Duce ». E se non lo fa è perché c'è troppa distanza culturale tra lui e quell'uomo con la « collottola rapata ». È una questione di stile.

All'agnosticismo ideologico del protagonista, Calvino contrappone il vitalismo degli amici Ostero e Biancone, il quale ultimo, « aveva il gusto di mischiarsi con le cose del fascismo e d'imitarne talvolta gli atteggiamenti con mimetismo caricaturale ». Non si creda tuttavia che questi tre racconti autobiografici siano esenti dal timbro favolistico: anzi è proprio questo a riscattarli dal mero documento: e valga come esempio l'episodio del saccheggio di Mentone, ormai abbandonata dai francesi, dove tutti rubano qualcosa di valore, mentre l'avanguardista si limita a rubare chiavi. E arriva perfino a rubare, grottescamente, la chiave della Casa del Fascio. La protesta di Calvino, o meglio dell'avanguardista, si limita a questo furto. Ma come non scorgervi lo scatto fantastico che fa lievitare la storia e le conferisce un repentino risvolto simbolico? La chiave è l'oggetto magico, senza il quale il fascismo non potrà andare molto lontano.

Fiabe italiane

Dal 1954 al 1956 Italo Calvino s'impegnò a portare a termine, con la consueta alacrità, un lavoro editoriale il cui programma consisteva nel raccogliere in un *corpus* organico le fiabe italiane popolari. Bisognava trascriverle in italiano dai vari dialetti, e Calvino si assunse il compito di farlo. Egli afferma che la « scelta cadde su di lui ». A noi pare piú credibile che Calvino stesso avesse fatto in modo che la scelta di un lavoro cosí affine alla sua indole cadesse su di lui, magari inconsciamente.

Non è il caso di soffermarsi sul valore filologico di questa raccolta di fiabe, troppo evidente, tanto che Calvino può giustamente vantarsi di essere diventato il « Grimm italiano ».

Ai fini del nostro discorso interessa invece la prefazione che precede la raccolta delle circa duecento fiabe italiane. Che cosa sono, per Calvino, le fiabe?

« Sono, prese tutte insieme, nella loro sempre ripetuta e sempre varia casistica di vicende umane, una spiegazione generale della vita, nata in tempi remoti e serbata nel lento ruminio delle coscienze

contadine fino a noi; sono il catalogo dei destini
che possono darsi a un uomo e a una donna, soprattutto per la parte di vita che è appunto il
farsi d'un destino: la giovinezza, dalla nascita che
sovente porta in sé un auspicio o una conquista
o una condanna, al distacco dalla casa, alle prove
per diventare adulto e poi maturo, per confer-
marsi come essere umano. E in questo sommario
disegno, tutto: la drastica divisione dei viventi in
re e poveri, ma la loro parità sostanziale; la per-
secuzione dell'innocente e il suo riscatto come termini d'una dialettica interna ad ogni vita; l'amore
incontrato prima di conoscerlo e poi subito sof-
ferto come bene perduto; la comune sorte di soggiacere a incantesimi, cioè di essere determinato
da forze complesse e sconosciute, e lo sforzo per
liberarsi e autodeterminarsi inteso come un dovere elementare, insieme a quello di liberare gli
altri, anzi il non potersi liberare da soli, il liberarsi liberando; la fedeltà a un impegno e la pu-
rezza di cuore come virtú basilari che portano
alla salvezza e al trionfo; la bellezza come segno
di grazia, ma che può essere nascosta sotto spo-
glie d'umile bruttezza come un corpo di rana; e
soprattutto la sostanza unitaria del tutto, uomini
bestie piante e cose, l'infinita possibilità di metamorfosi di ciò che esiste. »

Non è una semplice prefazione, questa: è una dichiarazione di poetica, impegnativa piú di quanto Calvino
forse non immaginasse.

La speculazione edilizia

Prima di scrivere questo romanzo Calvino aveva dato
alle stampe *Il barone rampante* (vedi piú avanti *I no-*

stri antenati), un apologo dalla verve e dal contenuto illuministici, voltairiano e nello stesso tempo fiabesco, quasi a voler verificare sulla pagina la consistenza delle sue teorie sulla fiaba. Dunque *La speculazione edilizia* sembra un fulmine a ciel sereno, un'altra imprevedibile inversione di rotta di Calvino. Il romanzo viene pubblicato per la prima volta nel 1957 nella rivista internazionale di letteratura « Botteghe Oscure » (n. XX) diretta da Giorgio Bassani; in un secondo tempo verrà inserito nel grosso volume dei racconti.

Sempre con un occhio fisso alla realtà italiana, Calvino affronta nella *Speculazione edilizia* un fenomeno d'attualità, anzi di bruciante attualità: il cosiddetto « boom » economico, o « miracolo economico », allora incipiente.

L'Italia ormai si avvia a diventare un paese industriale, lasciandosi alle spalle la secolare definizione di penisola dalle risorse prevalentemente agricole. I contadini abbandonano le campagne e si avviano verso le città del nord, dove verranno torchiati dai padroni fino a spremerne il « miracolo ». E di fatto l'esplosione industriale avviene sulle spalle degli operai inurbati di recente, che pur di riscattarsi dalla miseria accettano di lavorare con salari irrisori.

Gli imprenditori fanno affari d'oro, soprattutto quelli che si interessano al ramo edilizio. Il prezzo dei terreni sale alle stelle. Chi ha un pezzetto di terra lo vende all'imprenditore il quale vi costruirà un edificio « brutto » con qualche milione e lo rivenderà per una somma tripla, quadrupla.

Anche il protagonista della *Speculazione* ha intenzione di vendere un appezzamento di terreno adiacente alla sua villa. Si reca nella sua cittadina (Sanremo?) per combinare l'affare. Fin qui nulla di particolarmente interessante. Ma ecco la « trovata » di Calvino: il suo protagonista, Quinto Anfossi, è un intellettuale, e per di più comunista, sebbene i suoi ideali, con il trascorrere degli anni, si siano alquanto intiepiditi. Incontrando i vecchi compagni di gioventú, non sa cosa dire, si mostra evasivo, prova una specie di noia. Invece lo entusiasma colui che dovrebbe essere il suo nemico di classe: l'imprenditore Caisotti. Uomo venuto dalla campagna, Caisotti s'è fatto da sé, s'è arricchito con la sua furbizia, la sua esuberanza contagiosa. Acutamente Vittorini aveva fatto il nome di Balzac a proposito di questo romanzo. E infatti Balzac, pur odiando dal profondo del cuore la borghesia in ascesa nell'Ottocento francese, finiva per rappresentarla, nei libri, come un valore positivo.

L'intellettuale Quinto Anfossi cerca di mettersi sullo stesso piano di Caisotti, cioè di dimenticare la sua formazione culturale e i suoi giudizi politici di un tempo, quando tra operai e padroni non giustificava nessun genere di « coesistenza pacifica ». In breve, Anfossi si schiera « quasi » dalla parte di Caisotti. Ma è una mossa tattica, che serve a Calvino per capire meglio quali forze sociali, psicologiche e infine morali danno luogo a un uomo come Caisotti, un « uomo nuovo », un uomo che vive la realtà dell'industria e della speculazione totalmente, e soffrendone anche.

La moralità di Calvino, qui come altrove, si dispiega nella caparbia volontà di capire anche il « nemico », non nel respingerlo a priori. E le pagine migliori del libro sono appunto quelle in cui Quinto Anfossi gioca, per cosí dire, nel campo avversario, sul terreno stesso degli affari e degli intrighi. Pensando a un suo amico, il comunista Masera, Quinto prova un senso di rimorso, ma dura poco. « Quinto respingeva la cattiva coscienza che l'invadeva di fronte al semplice dovere sociale di Masera. » E la respinge perché la considera anacronistica.

> « Anche gettarsi in un'iniziativa economica, maneggiare terreni e denari era un dovere, un dovere

magari meno epico, piú prosaico, un dovere borghese; e lui Quinto era appunto un borghese, come gli era potuto venire in mente d'essere altro? »

La partita affaristica tra Quinto Anfossi e l'imprenditore Caisotti non ha una conclusione netta, il romanzo termina tra cavilli e beghe avvocatesche rimaste in sospeso. E questo prova che a Calvino non interessava raccontare una storia esemplare, demagogica e di denuncia di una situazione in cui l'imbroglio, lo sfruttamento e le collusioni fraudolente erano ormai materia giornalistica. No, questo sarebbe stato « fotografia », documento, testimonianza, ma non letteratura. A Calvino interessava la schermaglia tra Caisotti e Quinto Anfossi: tra un cinico imprenditore e un intellettuale.

L'interesse dell'imprenditore è soltanto quello di costruire case, casermoni, alveari umani di una bruttezza programmatica, purché gli fruttino denaro. L'interesse dell'intellettuale è quello di costruire, o di tentare di contribuire alla costruzione di una società in cui la bellezza abbia un posto preminente.

Ma la realtà non è fatta a scompartimenti stagni: qui il bello, là il brutto, qui il bene, là il male. La realtà è composta da entrambe le categorie, e l'uomo è un miscuglio di bassi istinti e di sublimi gesti.

C'è tra l'altro, in questo romanzo, il gusto tutto calviniano di polemizzare con gli intellettuali che criticano e lanciano anatemi senza avere bene individuato il bersaglio.

« Nella narrativa italiana il punto di vista dell'eroe-intellettuale è quello di chi guarda con distacco la realtà provinciale e ne indica magari i vizi e le disfunzioni, ma c'è sempre in lui, in questo eroe intellettuale, un atteggiamento indulgente, di compatimento, di nostalgia... »

e soprattutto di autocompiacimento di non essere come

gli umili o barbari personaggi descritti. Di qui, una sorta di lastra di vetro che separa l'intellettuale dal mondo che rappresenta. Calvino infrange la lastra ed entra in quel mondo, ci si compromette, a costo di fare violenza alla sua natura. Se il male esiste nell'imprenditore, il dovere dell'intellettuale è di assumerlo anche su di sé, per non rifugiarsi in un astoricismo di comodo. Questo ci sembra il significato della *Speculazione edilizia*.

I giovani del Po

Nel 1958 Calvino pubblica sulla rivista « Officina » questo lungo racconto o romanzo breve (che non uscirà mai in volume). Lo aveva scritto tra il 1950 e il 1951, ma il primo abbozzo risaliva addirittura al periodo 1947-1949. E lo si avverte. Cesare Pavese getta un'ombra sul racconto fin dal titolo. È insomma un racconto velleitario, volontaristico, e il fatto che Calvino non abbia mai voluto pubblicarlo in volume dimostra l'acuta coscienza autocritica dello scrittore.

Il tema è quello comune a tanta narrativa del tempo. Nino, un giovane cresciuto nella Riviera ligure, si reca a Torino per lavorare nell'industria, ma anche per gettarsi nella lotta di classe, partecipare alla costruzione dell'uomo nuovo promesso dagli ideali della Resistenza (che però restano a monte del progetto di Nino).

Una volta giunto a Torino conosce una ragazza, Giovanna, e i suoi amici, appartenenti alla ricca borghesia. Nino si innamora di Giovanna e insieme a lei fa la grande scoperta della città e soprattutto del Po. Preso tra l'amore per la ragazza e il suo dovere di operaio militante, a Nino non viene mai a mancare quella carica politica positiva che lo aveva fatto partire, con tanta baldanzosa speranza, dal paese natale. Come operaio raggiunge una certa posizione all'interno della sua classe, o meglio nell'ambiente di lavoro: è stimato dai compagni sia per la sua natura che per le sue idee. Fa, come si dice, carriera. Ma durante una manifestazione operaia, da lui stesso diretta, Giovanna viene uccisa. Tuttavia, fino alla fine, Nino rimane un eroe positivo, come esigeva la poetica del PCI.

È una vicenda che potremmo ascrivere al filone neorealista, se Calvino non aggiungesse di suo alcuni episodi avventurosi, come la ricerca di Nino che ha perduto Giovanna e la scena dell'auto Topolino trascinata da una jeep della polizia. Ma la fusione tra elemento ironico-favolistico ed elemento realistico non avviene. I complicati rapporti psicologici tra l'operaio Nino e la borghese Giovanna esigevano uno strumento espressivo alieno dalle possibilità, pur varie e molteplici, di Calvino.

Germana Pescio Bottino nota giustamente[4] che Calvino si è voluto cimentare col moralismo di Pavese, soccombendo.

I racconti

Nel 1950 Calvino riunisce quasi tutta la sua produzione narrativa e la pubblica con un semplice titolo: *I racconti*. Sono circa cinquecento pagine. Il grosso volume è diviso in quattro parti, anzi in « quattro Libri » (alla maniera antica): il Libro primo ha per sottotitolo « Gli idilli difficili »; il secondo « Le memorie difficili »; il terzo « Gli amori difficili » e, infine, il quarto « La vita difficile ».

« Gli idilli difficili » comprendono molti dei racconti di *Ultimo viene il corvo* piú alcuni altri che faranno parte del ciclo di *Marcovaldo* (vedi piú avanti); « Le memorie difficili » contengono, oltre ad alcuni pezzi brevi di *Ultimo viene il corvo*, i tre racconti de *L'en-*

[4] *Italo Calvino*, Firenze, Nuova Italia, 1967.

trata in guerra; « Gli amori difficili » sono composti da nove « avventure », scritte tra il 1949 e il 1958: *L'avventura di un soldato, L'avventura di due sposi, L'avventura di un poeta*, ecc. Quanto a « La vita difficile », è formata da un romanzo breve (*La speculazione edilizia*) e da due racconti lunghi: *La formica argentina* e *La nuvola di smog*.

I racconti costituiscono una rassegna dei molteplici esiti espressivi di Calvino e, nello stesso tempo, un bilancio della sua attività narrativa, bilancio che lo scrittore ligure invita i suoi lettori a fare insieme con lui.

Di veramente nuovo per il lettore ci sono le « avventure », *La formica argentina* e *La nuvola di smog*; e anche noi ci soffermeremo, sia pure brevemente, su questi tre momenti dell'opera di Calvino.

Tra le « avventure » fanno spicco, a nostro parere, *L'avventura di due sposi* e *L'avventura di un poeta*. Il primo racconto narra l'avventura tragicomica di due sposi, entrambi operai, che si incontrano solo fugacemente, perché lui, Arturo, fa il turno di notte, mentre lei, Elide, fa il turno di giorno. La disumanità della fabbrica divide i due coniugi non solo moralmente, ma anche fisicamente. Il loro amore è difficile (di qui il sottotitolo della raccolta), quasi impossibile. Eppure accettano questa sorte con virile stoicismo, e non mancano, tra loro, istanti di tenerezza.

Nell'*Avventura di un poeta* ritorna un tema caro a Calvino: quello dell'impossibilità di avere un rapporto incontaminato con la natura. La vicenda si svolge (non a caso) in un paese del meridione bagnato dalle limpide acque e non ancora corrotto dall'industria del turismo. Il poeta Usnelli e la sua amica Delia godono di quell'incanto di mare e di grotte, benché il poeta, diffidente verso le emozioni troppo facili, dimostri assai meno entusiasmo della donna, anzi provi una specie di angoscia di fronte a tanta bellezza. L'incanto è rotto dall'apparizione di un gruppo di pescatori con i volti marchiati dall'atavica sofferenza di chi si guadagna un boccone di pane sfacchinando dalla mattina alla sera. Usnelli tace, scrutandoli: vorrebbe parlare con loro, come fa Delia, ma non ci riesce:

« ... questa angoscia del mondo umano era il contrario di quella che gli comunicava poco prima la bellezza della natura... ».

La formica argentina è un *divertissement* realistico-allegorico: le formiche che invadono la casa di una povera famigliola di disoccupati e s'intrufolano dappertutto, perfino nelle orecchie del loro bambino, simboleggiano il dolore e il male contro cui i deboli per censo non hanno da opporre che la fuga e l'atteggiamento passivo-contemplativo, nostalgico di una felicità irraggiungibile. (Mentre la ricca signora Mauro, lei sí, sa come liberarsi di quelle formiche.)

Assai piú impegnato socialmente è *La nuvola di smog*. Il personaggio che narra in prima persona trova un posto in un Ente che pubblica la rivista « La Purificazione », che ha per fine di impedire l'inquinamento causato dallo smog, dalle esalazioni chimiche e dai prodotti della combustione in generale. Ma presto il protagonista scopre che all'Ente interessa soprattutto dimostrare al mondo intero una ipocrita efficienza. L'Ente che pubblica « La Purificazione » è capeggiato da un uomo, Cordà, che, per far funzionare le industrie, deve per forza « fabbricare » anche lo smog. Insomma la crociata contro l'inquinamento atmosferico non è che un alibi, un inganno per tranquillizzare gli ignari.

Non è chi non veda come Calvino, già nel 1958 (anno in cui scrisse *La nuvola di smog*), avesse previsto perfino la consunzione della flora e della fauna per mancanza di ossigeno.

Ma il fulcro poetico dell'apologo non sta qui, bensí nella rappresentazione lucida e insieme disperata della condizione dell'uomo nella società capitalistica, basata sul profitto, costi quel che costi in vite umane. Tra rassegnazione, angoscia e volontà di cambiare le cose, il protagonista è il portavoce dell'uomo della strada, oppresso da un potere ubiquo, fantasmatico, eppure concreto come lo smog.

I nostri antenati

In una guerra tra Austria e Turchia il visconte Medardo di Terralba viene colpito da una cannonata turca in pieno petto e torna a casa dimezzato.

« Tirato via il lenzuolo, il corpo del visconte apparve orrendamente mutilato. Gli mancava un braccio e una gamba, non solo, ma tutto quel che c'era di torace e d'addome tra quel braccio e quella gamba era stato portato via, polverizzato da quella cannonata presa in pieno. Del capo restavano un occhio, un orecchio, una guancia, mezzo naso, mezza bocca, mezzo mento e mezza fronte: dell'altra metà del capo c'era solo piú una pappetta. »

Questo è l'antefatto de *Il visconte dimezzato* pubblicato nel 1952.

Il 15 giugno 1767 Cosimo Piovasco di Rondò, mentre siede a tavola con i suoi genitori, il fratello e alti dignitari, respinge con disprezzo un piatto di lumache che gli era stato servito. « Mai s'era vista una disubbidienza piú grave. » Il padre di Cosimo, il barone Arminio Piovasco di Rondò, esplode in un'ira incontenibile. Ma Cosimo tiene duro.

« Di lí a poco, dalle finestre, lo vedemmo che s'arrampicava su per l'elce. Era vestito e acconciato con grande proprietà, come nostro padre voleva che venisse a tavola, nonostante i suoi dodici anni: capelli incipriati col nastro a codino, tricorno, cravatta di pizzo, marsina verde a code, calzonetti color malva, spadino, e lunghe ghette di pelle bianca a mezza coscia, unica concessione a un modo di vestirsi piú consono alla vita campagnola. »

Questo è invece l'avvio de *Il barone rampante*, edito nel 1956.

« Sotto le rosse mura di Parigi era schierato l'esercito di Francia. Carlomagno doveva passare in rivista i paladini. » Davanti a ognuno si ferma, chiede nome e cognome. I paladini rispondono a puntino, dichiarano l'entità numerica della truppa che hanno con sé, gli onori conquistati sul campo di battaglia, e il casato. « Cinquemila cavalieri, tremilacinquecento fanti, milleottocento i servizi, cinque anni di campagna. » Carlomagno ascolta soddisfatto e per tutti ha una parola di elogio. Sembra una rivista militare dei nostri giorni. A un certo momento si ferma davanti a un paladino, chiuso in

« ... un'armatura tutta bianca; solo una righina nera correva torno torno ai bordi; per il resto era candida, ben tenuta, senza un graffio, ben rifinita in ogni giunto, sormontata sull'elmo da un pennacchio di chissà che razza orientale di gallo, cangiante di ogni colore dell'iride ».

Carlomagno rimane interdetto: non ha mai visto in vita sua un cavaliere cosí pulito. Gliene chiede il motivo. Il cavaliere non risponde direttamente alla domanda. Dà soltanto il suo nome e quello del suo casato: « Io sono [...] Agilulfo Emo Bertrandino dei Guildiverni e degli Altri di Corbentraz e Sura, cavaliere di Selimpia Citeriore e Fez! ». Ma la risposta, tra l'altro troppo lunga anche per i gusti del sire, non soddisfa

Carlomagno. Perché il cavaliere non alza la celata e non mostra la faccia al re? « La voce uscí netta dal barbazzale. — Perché io non esisto, sire —. » E questo è, infine, l'avvio de *Il cavaliere inesistente*, pubblicato nel 1959.

L'anno dopo Calvino raccoglie la sua « trilogia araldica » in un unico volume e la intitola *I nostri antenati*. Scritta, come s'è visto, in anni diversi, la trilogia nasce — non è nemmeno il caso di dirlo — da un'unica sollecitazione morale. L'affermazione potrà apparire strana, dato che *I nostri antenati* sembrano, a una lettura affrettata, la conferma della felicità narrativa di Calvino quando si cimenta con temi fantastici e favolistici, svincolati da ogni riferimento diretto alla realtà sociale del proprio tempo.

Eppure *I nostri antenati* non fanno che ribadire che ogniqualvolta Calvino dà l'impressione di evadere, o di retrocedere addirittura in epoche ormai tramontate da un pezzo, il suo intento è di afferrare, da un punto di vista privilegiato (quello dell'osservatore che sta in alto), tutta la complessità dei rapporti sociali, politici, e infine morali della realtà che gli sta intorno, che lo preme dappresso nell'atto di scrivere. Il gioco, il divertimento, il gusto di narrare e un certo autocompiacimento nell'esibire la sua cultura; tutte queste cose ovviamente ci sono. Ma non basterebbero a caricare la « trilogia » di significati cosí ricchi, cosí polivalenti, cosí incisivi, se alla base non ci fosse un'istanza morale. I romanzi che compongono *I nostri antenati* si possono paragonare a un mare azzurro e caldo e scintillante in superficie; ma appena uno si tuffa e scende nelle profondità scorge un paesaggio di neri anfratti, di oscuri cunicoli, di grotte, di pesci mostruosi, di alghe che si muovono figurando inquietanti sagome umane.

Chi è, che cosa rappresenta *Il visconte dimezzato* se non l'uomo alienato dei nostri giorni, diviso a metà da una « cannonata » neocapitalistica? Confessiamo volentieri che questa è una ardita interpretazione sociologica, alla maniera di Lukács. Ma siamo anche convinti che tutto quello che accade nella società si rifletta, a livello espressivo, nella letteratura, e viceversa. Nel *Visconte dimezzato* il contenuto non è per niente allegro, malgrado il tono fabulatorio. Già il primo capitolo è intriso di immagini mortuarie: cavalli uccisi e sventrati, uomini mutilati, la peste che non risparmia neppure gli avvoltoi. E il visconte Medardo di Terralba, a causa dell'altra metà del corpo che ha perso, diventa un criminale: divide tutto in due parti, le pere, i funghi, incendia i fienili dei poveri contadini, promulga sentenze d'impiccagione contro innocenti con ghigno soddisfatto. E Mastro Pietrochiodo, cui è stato affidato il tristo incarico di innalzare le forche e che avverte un complesso di colpa, alla fine ci dice che il suo mestiere è quello di far funzionare bene quei congegni di morte. Solo quando riappare l'altra metà di Medardo, si capisce finalmente che quella rimasta non era che la « metà cattiva ». E cosí Medardo

« ... ritornò uomo intero, né cattivo né buono, un miscuglio di cattiveria e bontà, cioè apparentemente non dissimile da quello che era prima di essere dimezzato ».

A proposito del *Visconte dimezzato* Emilio Cecchi ha fatto giustamente il nome di Stevenson, l'autore del *Dottor Jekyll*. Il male, anche per Calvino, consiste nel non far coincidere o conciliare la bestia e l'angelo che sono nell'« uomo intero ». Ed ecco allora che la nostra interpretazione sociologica ci pare ugualmente esatta: il capitalismo, con la conseguente alienazione, ha diviso l'uomo a metà in maniera addirittura istituzionalizzata. (Un esempio banale: sul luogo del lavoro si è simili ad automi, mentre nel cosiddetto tempo libero si riacquista la propria personalità; ma anche in questo secondo momento l'acquisizione della propria individualità è relativa, e soprattutto effimera e ingannevole.)

Nel *Barone rampante* (il piú lungo romanzo finora scritto da Calvino) l'universo dell'alienazione è trasferito nel Settecento, nel famoso secolo dei Lumi, come a dimostrare paradossalmente che l'ideale illuministico dell'armonia tra uomo, natura e storia portava in sé, in embrione, anche il male di vivere della nostra epoca.

Fitto di riferimenti alla storia delle idee e a quella politica, il romanzo è difficilmente riassumibile, specie poi se si dovessero prendere in considerazione i tanti personaggi che vi compaiono. (È presente perfino Napoleone.) In ogni modo, in succinto, *Il barone rampante* narra le avventure di Cosimo Piovasco di Rondò che, dopo quel famoso rifiuto del piatto di lumache, si rifugia su un albero, e vi rimane fin quasi alla fine, quando si aggrappa alla corda di una mongolfiera inglese di passaggio e scompare in mare: o piú precisamente in un luogo geografico oscuro.

La vita « arborea » di Cosimo non si sviluppa certo a causa di quel rifiuto: per Calvino è soltanto uno spunto narrativo che gli permette di far salire, per dir cosí, il suo eroe tra le piante. Il rifiuto di Cosimo nasce da motivazioni assai piú profonde. Davanti a una società corrotta, o meglio a una civiltà che si avvia verso la Rivoluzione francese, Cosimo sceglie di stare al di fuori della mischia e al tempo stesso di misurarsi con essa e con la natura. Inutile aggiungere che lo schema è fiabesco: l'uomo, da solo, deve superare un certo numero di prove, di pericoli per capire chi veramente è. (Si legga, nel capitolo ottavo, l'episodio della lotta feroce di Cosimo contro il gatto selvatico e della significativa disperazione per averlo ucciso: significativa in quanto per diventare uomini bisogna violentare la natura, ucciderla. E qui il paradosso non è né ironico, né drammatico: è tragico.) E una volta capito chi è, cioè un contestatore ante litteram, uno insomma che non si vuole integrare con le regole della società, il suo destino è compiuto. Invero non si tratta proprio di destino, ma di scelta. Qui è la morale (o la moralità) della sua follia. La vera vita, in definitiva, si può organizzare soltanto tra i rami degli alberi: questo il messaggio di Cosimo, che Viola, innamorata di lui, non riuscirà mai a giustificare, data la sua vitalità, il suo amore per le avventure pedestri e « terrestri ».

Quasi della stessa dimensione morale, ma in senso ben piú negativo, è il significato del *Cavaliere inesistente*. Se Cosimo sta in alto, fuori dalla portata dei commerci umani, Agilulfo non esiste addirittura. È il simbolo dell'uomo « robotizzato », che compie gesti burocratici con incoscienza quasi assoluta. Agilulfo che si identifica totalmente con la sua armatura è l'uomo contemporaneo che si identifica con la sua funzione, cioè con quello che fa, senza cercare di uscire da un pensiero e da una attività « unidimensionali ». (Calvino aveva prefigurato intuitivamente *L'uomo a una dimensione* di Herbert Marcuse.) In contrapposizione all'assoluto non esistere, o all'assoluto non-essere che è Agilulfo, Calvino mette in campo l'ortolano Gurdulú « che esiste fisicamente ma non ne ha coscienza e si confonde con la natura bruta » (la definizione è di Germana Pescio Bottino); quindi la ragazza Bradamante, il cavaliere Rambaldo che combatte per vendicare la morte del padre e Torrismondo, « cadetto dei duchi di Cornovaglia ». Questi personaggi hanno una parvenza d'umanità, l'aspirazione a conquistarla: Bradamante cerca di raggiungere la perfezione, l'armonia con gli uomini; Rambaldo vuole possedere la realtà in tutte le sue manifestazioni, e Torrismondo desidera riconciliarsi con la sua infanzia di figlio bastardo. Il romanzo termina con la sparizione di Agilulfo, com'è giusto, poiché non è mai esistito. A prescindere dai numerosi episodi in cui si scatena la verve favolistica di Calvino, il nocciolo poetico del *Cavaliere inesistente* sta, secondo noi, nella fusione tra una fantasia di specie ariostesca e l'acre impegno morale di denunciare le storture del mondo di oggi senza mai nominarle. Che è poi l'operazione occulta dei *Nostri antenati*.

La giornata d'uno scrutatore

« Amerigo Ormea uscí di casa alle cinque e mezzo del mattino. La giornata si annunciava piovosa. Per raggiungere il seggio elettorale dov'era scrutatore, Amerigo seguiva un percorso di vie strette e arcuate, ricoperte ancora di vecchi selciati, lungo muri di case povere, certo fittamente abitate ma prive, in quell'alba domenicale, di qualsiasi segno di vita. Amerigo, non pratico del quartiere, decifrava i nomi delle vie sulle piastre annerite – nomi forse di dimenticati benefattori – inclinando di lato l'ombrello e alzando il viso allo sgrondare della pioggia.
C'era l'abitudine, tra i sostenitori dell'opposizione (Amerigo Ormea era iscritto a un partito di sinistra) di considerare la pioggia il giorno delle elezioni come un buon segno. »

Questo l'inizio del piú imprevedibile romanzo di Calvino, pubblicato nel 1963, a tre anni di distanza dalla trilogia in volume dei *Nostri antenati*. Imprevedibile non soltanto per l'argomento, ma anche, se non soprattutto, rispetto alla situazione culturale italiana in generale e letteraria in particolare.

Erano gli anni della neoavanguardia, dei suoi maggiori trionfi e dei suoi attacchi contro il romanzo tradizionale, quello, per intenderci, che ancora seguitava imperterrito a proporre storie naturalistiche, o intimistiche, con personaggi dalle psicologie ben delineate inseriti in una storia costruita secondo modelli magari illustri (Proust, Moravia, Malraux, tanto per citare dei nomi) ma che ormai, sempre secondo la neoavanguardia, erano impotenti a esprimere i veri conflitti sociali messi in moto dall'avvento della tecnologia. La battaglia verteva non tanto sui soggetti, sui contenuti, ma sul modo di organizzarli in un discorso poetico. In fin dei conti erano le tecniche del naturalismo ad essere esposte alle sventagliate critiche della neoavanguardia.

La giornata d'uno scrutatore sembra una provocazione. E forse lo è. Si rilegga l'attacco del romanzo. Il naturalismo è presente sia nella puntigliosa annotazione dell'ora (le cinque e mezzo del mattino), sia nell'inciso dell'elemento atmosferico: « La giornata si annunciava piovosa ». Erano proprio questi elementi che caratterizzavano, esteriormente, i personaggi ottocenteschi. Un esempio: il cielo plumbeo, quasi nero, sotto il quale vaga Renzo alla ricerca di Lucia nel lazzaretto, non è un elemento « pittorico » casuale, ma l'equivalente « naturale » dello stato d'animo di Renzo.

La stessa cosa accade nella *Giornata d'uno scrutatore*. L'uggiosità della pioggia è il simbolo dell'uggiosità morale di Amerigo Ormea. Nel romanzo di Calvino il lazzaretto è il Cottolengo di Torino, dove è posto il seggio elettorale. Né finiscono qui le affinità, magari tirate per i capelli. Gli uomini che si trovano nel lazzaretto sono solo larve di uomini, brandelli di carne e di ossa in attesa della morte. Gli uomini che popolano il Cottolengo sono creature già morte, che tuttavia continuano a vivere, anzi a vegetare. Inoltre, sempre per stare nel paragone abbastanza incongruo (ma fino a che punto?), come Manzoni anche Calvino si è ispirato a un evento storico, quale fu appunto la giornata elettorale del 7 giugno 1953.

Ma se Calvino ha una volta dichiarato che una delle sue piú grandi aspirazioni è di scrivere un romanzo storico, *La giornata d'uno scrutatore* non lo è, non lo diventa: perché quello che sta a cuore al narratore ligure non sono gli scontri politici, ma l'umanità degradata del Cottolengo. Si ha netta l'impressione che la politica non sia altro che un pretesto. Lo sguardo di Calvino, lucido, ironico e pietoso nello stesso tempo, si appunta sugli storpi, sui dementi, sui « mostri ». *La giornata d'uno scrutatore* è, a conti fatti, il conflitto morale che si scatena nell'intellettuale Amerigo Ormea al cospetto e al contatto con un chiuso mondo di uomini che paiono contraddire in pieno il sogno illuminista di un'armonia tra uomo, natura e storia. E allora gli interrogativi sugli uomini-pesce e sugli uomini-pianta del Cottolengo si allargano fino a comprendere il significato ultimo della vita. Amerigo Ormea è travagliato da una serie di dubbi: perché i malati, i deficienti, i mostri? E d'altra parte, perché i sani, perché i felici? E non basta. Che senso ha la procreazione se la natura può giocare beffe cosí orribili? La giornata elettorale dello scrutatore Ormea diventa un monologo dialettico, in cui però gli interrogativi si aggrovigliano e si attorcigliano intorno a se stessi, senza trovare uno sbocco. Quando Amerigo Ormea sprofonda in questi pensieri, alimentati tra l'altro da considerazioni politiche, filosofiche e sociali che li rendono ancora piú complicati, la pagina di Calvino diventa opaca, greve. La provocazione di cui parlavamo può anche essere considerata come una scommessa che Calvino ha fatto con se stesso: di scrivere un romanzo realista senza cadere nell'ovvio di una letteratura impegnata ideologicamente.

> « Ogni storia nasce da una specie di gruppo lirico che si forma a poco a poco e matura e si impone. »

La diagnosi è esatta, ma la terapia applicata nella *Giornata d'uno scrutatore* non è molto convincente. La forza di Calvino sta nello sguardo che collega i vari elementi narrativi secondo un disegno favolistico.

Quando si addentra nelle psicologie o, peggio ancora, fa il moralista politico, il suo modo di narrare assume un andamento affannoso, da centometrista che vuole a tutti i costi fare il maratoneta.

Ecco dunque che le pagine migliori del romanzo sono là dove Amerigo Ormea si limita a osservare. E il capitolo undicesimo è un vero squarcio di poesia « pestilenziale », alla Manzoni. È il capitolo in cui Ormea penetra nelle segrete stanze del Cottolengo, dove l'inferno umano si rivela in tutto il suo orrore. Si veda la scena, brevissima, del padre contadino che, andato a trovare il figlio al Cottolengo, gli schiaccia amorosamente le mandorle e gliele dà da mangiare, in un silenzio che sembra racchiudere in sé tutto il dolore e l'amore possibili di questa umanità degradata, tagliata fuori dal passo crudele e ottimistico del cosiddetto progresso.

Marcovaldo

Nel 1963 Italo Calvino raccolse in un unico volume venti novelle, composte in anni diversi, e le intitolò *Marcovaldo ovvero Le stagioni in città*. La prima edizione recava le illustrazioni di Sergio Tofano: il volume era palesemente indirizzato al pubblico giovanile. In un secondo momento Calvino pensò che poteva essere vantaggiosamente gustato anche dai grandi (ecco il leitmotiv della fiaba che incanta, a certe condizioni, piccoli e adulti).

Presentando il suo libro in modo anonimo, Calvino scrive:

« In mezzo alla città di cemento e asfalto [Torino] Marcovaldo va in cerca della Natura. Ma esiste ancora, la Natura? Quella che egli trova è una natura dispettosa, contraffatta, compromessa con la vita artificiale. Personaggio buffo e melanconico, è il protagonista di una serie di favole moderne [cioè le venti novelle che compongono il volume] che restano fedeli a una classica struttura narrativa: quella delle storielle a vignette dei giornalini per l'infanzia ».

Lo stesso Calvino, dunque, sembra non dare eccessivo peso al suo *Marcovaldo*. Ma... (con Calvino c'è sempre un « ma ») Marcovaldo è un animo semplice, è padre di famiglia numerosa, lavora come manovale o uomo di fatica in una ditta, è

« ... l'ultima incarnazione di una serie di candidi eroi, poveri-diavoli alla Charlie Chaplin, con questa particolarità: di essere un "Uomo di Natura", un "Buon Selvaggio" esiliato nella città industriale ».

Ecco l'importanza di quel « ma ». Favola sí, opera forse minore sí, ma anche impegnata a sviscerare le ragioni storiche per cui l'uomo di Rousseau si è ridotto a una sorta di fantasma svagato e sognante, come è appunto Marcovaldo. L'armonia natura-uomo-storia è naufragata in un mare di cemento e in fiumi di detersivi schiumosi. Calvino descrive questa trasformazione con una pietà sorridente e tuttavia consapevole che non bisogna spargere lacrime su Marcovaldo, ma denunciare coloro che hanno sottratto a Marcovaldo la sua « Natura ». Ma sa anche che la denuncia sarà sterile. Scrive Pietro Citati:[5] « ... dietro la fioritura delle immagini, Calvino ha nascosto il proprio malinconico autoritratto... ».

---

[5] Vedi « Il Giorno », 18 dicembre 1963.

Le Cosmicomiche - Ti con zero

Calvino pubblica questi due volumi di racconti rispettivamente nel 1965 e nel 1967, e se li abbiamo riuniti in un unico paragrafo è semplicemente perché, in un certo senso e fino a un certo punto, il secondo è la continuazione ideale del primo.

In questi racconti Calvino esibisce (sempre in forma narrativa, ovviamente) la sua cultura scientifica, il suo interesse per la astronomia, la microbiologia, la cibernetica, la «semiologia del racconto» e via discorrendo. In passato si era nutrito soprattutto di letture umanistiche e da queste aveva preso il volo verso i suoi *Antenati*, risalendo fino ai tempi di Carlomagno.

Con *Le Cosmicomiche* e con una parte di *Ti con zero* risale addirittura all'origine del mondo, quando si compivano le prime catastrofi nei cieli delle galassie e delle nebulose, e si creavano le prime forme embrionali di vita.

Sono racconti fantascientifici, ma di una specie di fantascienza a ritroso, giocati su delle ipotesi, su delle congetture: nessuno sa che cosa veramente accadde in quelle epoche che si usa contare in miliardi di anni-luce.

Il protagonista delle *Cosmicomiche* è un vecchio-saggio-giovane dal nome impronunciabile: Qfwfq. Non è il primo uomo che abbia visto il formarsi della Terra e lo staccarsi della Luna da questa, come si potrebbe supporre. Qfwfq vaga nel tempo e nello spazio: è un nostro antichissimo antenato, ma è anche nostro contemporaneo.

Si direbbe che Qfwfq sia l'uomo della origine del mondo e della sua fine, secondo una discutibile teoria scientifica per la quale la morte dell'universo avverrà con le stesse modalità bio-fisiche con cui ne è avvenuta la nascita. Per questo Qfwfq (si notino le particelle sillabiche «qf» simmetriche rispetto all'incognita « w »); per questo, dicevamo, l'eroe cosmico di Calvino può permettersi il lusso di parlare anche del presente, cioè del nostro tempo. (Nel racconto *Quanto scommettiamo*, per esempio, compaiono il Faraone Amenhotep IV, Pompeo, Cesare, Giustiniano, Balzac e perfino una certa signorina Giuseppina Pensotti che l'8 febbraio 1926, in una cittadina in provincia di Vercelli, si deve recare in via Garibaldi, 18.) Questo eroe cosmico di Calvino o, per meglio dire, la serie di racconti che compongono *Le Cosmicomiche* e una sezione di *Ti con zero*, non nasce per un capriccio o una scommessa, o dal desiderio di parodiare la fantascienza, e neanche da una infatuazione acritica per gli enormi, sterminati orizzonti che la scienza ha spalancato davanti all'uomo. *Le Cosmicomiche* fanno parte integrante della poetica di Calvino, del suo « gruppo lirico-morale » che caratterizza la sua attività di scrittore fin dagli esordi. Egli, insomma, vede *Le Cosmicomiche* come la continuazione di un discorso narrativo coerente:

> « Sento che mi vengono bene specialmente le storie dove c'è il non essere contrapposto a quel che c'è, il vuoto contrapposto al pieno, o altri motivi di questo genere ».

E subito viene da pensare al *Cavaliere inesistente*, ma anche, per altri aspetti, alle « avventure » e perfino al *Sentiero dei nidi di ragno*, cui Calvino ha fatto riferimento in un'intervista[6] concessa ad Alfredo Barberis a proposito delle *Cosmicomiche*.

Tra i racconti più significativi ricordiamo *Un segno nello spazio* e *La spirale*. Il primo ha questo vertiginoso e angoscioso attacco, in cui il narratore è naturalmente Qfwfq:

---

[6] Vedi « Il Giorno », 22 dicembre 1965.

« ... io una volta passando feci un segno in un punto dello spazio, apposta per poterlo ritrovare duecento milioni d'anni dopo, quando saremmo ripassati di lí al prossimo giro ».

Ma quel segno, quella specie di orma cosmica di una presenza umana, Qfwfq non lo ritroverà mai piú. Nella rotazione dell'Universo il segno si sposta in modo imprevedibile, si trasforma, diventa un'altra cosa.

« In un punto che doveva proprio essere quel punto, al posto del mio segno c'era un fregaccio informe, un'abrasione dello spazio slabbrata e pesta [...] Lo sconforto mi prese e mi lasciai trascinare molti anni-luce come privo di sensi. »

La chiusa del racconto è ancora piú pessimistica:

« Non c'era piú modo di fissare un punto di riferimento: la Galassia continuava a dar volta ma io non riuscivo piú a contare i giri, qualsiasi punto poteva essere quello di partenza, qualsiasi segno accavallato agli altri poteva essere il mio, ma lo scoprirlo non sarebbe servito a niente, tanto era chiaro che indipendentemente dai segni lo spazio non esisteva e forse non era mai esistito ».

Questa angoscia del nulla ricorda Leopardi, il suo pessimismo cosmico. Nel secondo racconto Calvino analizza, se cosí è lecito esprimersi, i pensieri di un mollusco mentre secerne il liquido che formerà la sua conchiglia. Mediante la sua percezione puramente tattile il mollusco s'innamora di una... mollusca. Nasce allora la tragedia di non poterla vedere, benché questa tragedia o tragicommedia sia mitigata dal fatto di sapersi in compagnia di altri esseri nelle sue stesse condizioni. Ma poi l'angoscia diventa ancora piú acuta quando il mollusco capisce che la sua conchiglia che lui non vede, ma sente, è oggetto di contemplazione da parte degli altri, uomini compresi. È il male insanabile della solitudine dell'io, dell'incapacità di comunicare le sue esperienze profonde.

Nei racconti di *Ti con zero*, oltre al bellissimo trittico di *Priscilla*, segnaliamo il racconto che dà il titolo al volume (cioè *Ti con zero*) e *Il conte di Montecristo*, che risente in maniera macroscopica della problematica del grande scrittore argentino Jorge Luis Borges e delle recenti speculazioni semiologiche, importate dalla Francia, su che cosa voglia veramente dire scrivere, che cos'è insomma la scrittura. Il Calvino di *Ti con zero* è uno scrittore aggiornato, che ha seguito tutte le dispute sulla letteratura con un interesse vivo e schietto, ma che ha reso le sue ultime prove narrative un po' opache, depositandovi sopra una patina di stanchezza, o di distaccato scetticismo. Ma bisogna sempre fare i conti con la natura « scoiattolesca » dello scrittore: quando meno te l'aspetti è capace di tirare fuori un altro numero vincente, conseguenza del suo stesso sforzo di superarsi.

Le città invisibili

Se non abbiamo preso un abbaglio interpretativo (cosa di cui peraltro si vergognano soltanto i critici presuntuosi o conformisti), il senso del recente romanzo di Italo Calvino, *Le città invisibili* (1972), cade quasi alla metà esatta del libro. E precisamente laddove Marco Polo confessa al Gran Kan che tutte le mirabolanti, « concettuali » e congetturali città del suo sterminato impero, che fin'allora gli aveva descritto, altre non erano che Venezia.

Ma prima di proseguire converrà mettere in rilievo, sia pure in succinto, la cosiddetta trama. Calvino immagina che Kublai Kan, « l'imperatore dei tartari », ascolti dall'ambasciatore prediletto, Marco Polo, i resoconti che costui gli fa delle città, via via che le visita percorrendo l'immenso territorio conquistato con la forza delle armi.

Il libro è dunque composto dalle descrizioni di queste città « invisibili » all'imperatore (che ha rinunciato a controllare di persona i fasti e i nefasti dell'impero a causa della sua « ampiezza sterminata »), e dai dialoghi che si svolgono tra Kublai Kan e Marco Polo ogni volta che questi rientra dalle sue ambascerie. Dal lato puramente tecnico il libro è diviso in nove capitoli, ciascuno dei quali « contiene » i suaccennati dialoghi (in corsivo) e la descrizione di un certo numero di città descritte da Marco Polo. Il primo e l'ultimo capitolo sono costituiti da dieci città; gli altri sette, da cinque. Ogni resoconto di città è preceduto da un titolo-didascalia, e precisamente: « Le città e la memoria », « Le città e il desiderio », « Le città e i segni », « Le città sottili », « Le città e gli scambi », « Le città e gli occhi », « Le città e il nome », « Le città e i morti », « Le città e il cielo », « Le città continue » e « Le città nascoste ».

Undici città in tutto, come si vede, ma quelle che Marco Polo descrive sono cinquantacinque, giacché ognuna di queste città viene, per così dire, visitata cinque volte.

Il lettore, a questo punto, si sentirà autorizzato ad esclamare che stiamo dando i numeri. Non ha torto. Ma non ha neanche ragione. Non c'è quasi opera di Calvino che non sia chiusa entro un'arcana « logica simbolica e combinatoria ». I nove capitoli rappresentano il corpo umano (la testa, le braccia, il torace, gli organi della riproduzione e le gambe). Crediamo quindi che non sia arrischiato affermare che il numero cinque simboleggi i cinque sensi. (Tra l'altro, i dialoghi in corsivo sono « diciotto », ovvero il doppio di nove, ovvero il corpo e lo spirito.)

Ma Calvino non è uno scrittore che si lasci incapsulare da uno schema, né tanto meno sedurre da una simbologia dozzinale. Costruita la «logica combinatoria» della successione delle «città», costruito anche (inconsciamente o meno: non importa; o forse importa moltissimo?) il corpo umano (il corpo cioè del libro), eccolo tuffarsi nel suo sempiterno mondo favoloso intriso di ardua moralità e di sorniona ma penetrante attenzione ai conflitti dell'individuo e della società. Anzi, in questo caso, della civiltà: la nostra, intendiamo.

Questa affermazione potrà sembrare paradossale, dato che il racconto si svolge ai tempi di Marco Polo. Ma come spesso e volentieri gli accade, anche questa volta Calvino regredisce verso il passato per meglio guardare, con un distacco che potremmo definire da sopravvissuto, il nostro presente e il nostro futuro.

Che cosa sarebbero queste città «invisibili» se non facessero attrito con le città «visibili» che abitiamo, o meglio che siamo costretti ad abitare, ridotte ormai a un intrico di segni corporali, verbali e merceologici in cui ciascuno parla per non ascoltarsi, e vive per non ricordarsi di vivere?

È proprio da questo attrito, da questa frizione occulta, che il romanzo di Calvino acquista un'impalpabile, «scoiattolante» e struggente bellezza. Non a caso la serie delle «città» comincia con quella della «memoria» e finisce con quella «nascosta».

La memoria: ovvero la fanciullezza, il passato, la tradizione. La città nascosta: ovvero il bozzolo della città futura, che tuttavia racchiude in sé il giusto e l'ingiusto, il bello e il brutto, la morte e la speranza, l'eternità e l'immobilità, il vecchio e il bambino. Come a dire che il passato fa blocco con il presente e con il futuro. E sembrerebbe una conclusione antistoricistica se, con una delle sue famose inversioni di significato, Calvino non avesse inserito in extremis e in corsivo questa meditazione di Marco Polo sull'inferno quotidiano: «Due modi ci sono per non soffrirne. Il primo riesce facile a molti: accettare l'inferno e diventarne parte fino al punto di non vederlo piú. Il secondo è rischioso ed esige attenzione e apprendimento continui: cercare e saper riconoscere chi e cosa, in mezzo all'inferno, non è inferno, e farlo durare, e dargli spazio ». Cioè dare agli autentici valori umani lo « spazio » perché si realizzino nella « storia ». (E nella concitazione morale e stilistica si avverte un'eco vittoriniana.)

Si capisce allora che i cinque sensi con cui ci impadroniamo acriticamente del mondo, vengono « trasfigurati » in facoltà ben piú profonde: dal contatto esterno con le cose, nascono la memoria e il desiderio, il sentimento della durata e della labilità, il culto dei morti e gli interrogativi metafisici, la disperazione intellettuale e la fantasia giocosa, l'angoscia della fine del tutto e l'amore del tutto, il pessimismo putrescente e l'ottimismo fiammeggiante, il caos del subconscio e la ragione geometrizzante dell'intelligenza. In una parola, nasce l'Uomo Totale e quindi la Storia Totale.

A questo punto il romanzo di Calvino supera l'« impasse » dell'avanguardia e va a collocarsi dove probabilmente troverà legittimità e spazio la narrativa a venire. Oggi non è piú possibile narrare in « presadiretta » a guisa dei patetici pittori « en plein air », bensí occorre partire dalla scienza (dal laboratorio), magari per poi metterla in crisi con uno scatto supplementare della fantasia. Ma in ogni caso questa fantasia sarà intrisa di scienza e non di « naturalità ». Intendiamo ribadire l'elementare concetto che anche la fantasia è un prodotto storico, che si evolve con l'evolversi delle conquiste scientifiche.

Si sono fatti, per questo romanzo di Calvino, i nomi di Ferdinand de Saussure, di Claude Lévi-Strauss, di Jacques Lacan, e ovviamente di Jorge Luis Borges. Noi ci permettiamo di aggiungere un altro nome: Norman O. Brown, autore del fascinoso (e misconosciuto in Italia) *La vita contro la morte*,[7] dove si parla dei drammatici rapporti tra Eros e Thanatos (la vita-amore, appunto, e la inevitabile catastrofe biologica). Norman O. Brown indica le vie che consentirebbero di restaurare il regno dell'amore facendolo scaturire dalla felicità repressa dell'infanzia. Logicamente la morte fisica non verrebbe elusa (e come potrebbe?) ma non ci apparirebbe piú cosí spaventosa, dato che una vita pienamente realizzata vedrebbe nella morte un giusto « vanire » e non un iniquo verdetto. In una società la cui vita è mercificata e mutilata, anche la morte è insensata e sconsacrata. Un nobile, ingenuo (e poetico) ottimismo anima talora le pagine ardenti di Norman O. Brown. Piú razionale di lui, Calvino non condivide questa escatologia edonistica, però ne tiene conto: ovvero Eros e Thanatos continueranno a combattersi per sopraffarsi fino all'ultimo respiro dell'ultimo uomo. E forse quest'uomo scomparirà con negli occhi della mente il sogno della sua fanciullezza (la memoria).

E cos'è questo sogno se non la felicità ricevuta dalla madre, appena costei lo prende tra le sue braccia e gli « racconta », con il calore del corpo, la prima « favola » del mondo? Ecco perché tutte le città descritte da Marco Polo hanno nomi di donna. Ecco perché tutte queste città non sono che tanti travestimenti della città natale (Venezia). Segnato per sempre da quell'amore primigenio, l'uomo si porta dentro, ovunque vada, il corpo gli occhi e la voce della madre; e dovunque vada non vede che la sua città remota che sovrappone a quella presente, reale, « storica ». Ma la sovrapposizione non è mai completa. Se lo fosse, avremmo l'eroe dell'idealismo sublime: Don Chisciotte.

La narrativa di Calvino è invece popolata di eroi dialettici, a tutti i livelli: essi vedono contemporanea-

---

[7] Norman O. Brown, *La vita contro la morte*, trad. di Silvia Besana Giacomoni, Milano, Adelphi, 1964.

mente l'idea e la materia, il mito e la storia, il bene e il male: e non ci sono né vincitori né vinti, non c'è sintesi. C'è, al contrario, una continua pendolarità che ne *Le città invisibili* assume la forma del paradosso. Ma, si badi bene, un paradosso che irride se stesso, e da questa irrisione nasce un altro paradosso, il quale di nuovo irride se stesso, e cosí via all'infinito. E tutto ciò è narrato con un linguaggio semplice, scarno, parsimoniosamente prezioso sul piano lessicale (ad es. «acrocoro», «decumano», ecc.). Un linguaggio che (non ultimo dei paradossi) contesta la sua pretesa di razionalizzare la realtà. («Non c'è linguaggio senza inganno», dice Marco Polo-Calvino, p. 54.) E da qui emerge un'altra vertiginosa metafora: Marco Polo è il «testo», è il romanzo, è *Le città invisibili*, è insomma il linguaggio di questo racconto che «parla» all'autore Calvino mentre Calvino lo «parla» e lo «lavora». Un'interpretazione macchinosa e bizzarra, la nostra? E sia. Si legga allora questo libro con «candido» trasporto.

Si rimarrebbe delusi, si finirebbe per dare ragione a Geno Pampaloni quando scrive: «C'è anzitutto il tema stilistico in sé: la prosa di Calvino ha la facoltà straordinaria, se riesco a definirla, di oggettivare la propria sensualità, di offrire la superficie secca di un'intera sontuosità di umori. Probabilmente egli non vuole sentirselo dire, ma, al fondo, rimane in lui qualche cosa di uno spericolato rondista». («Corriere della Sera», 26 novembre 1972.)

Rondista, per quanto spericolato? Siamo dunque alla prosa d'arte, al frammento, allo «stilismo»? Ma questo significa inibirsi la comprensione globale de *Le città invisibili*. Perché qui il frammento (ogni «città» è un «frammento» di prosa in forma di apologo); perché qui il frammento, dicevamo, è simile al «segno» della linguistica, un segno che non avrebbe senso alcuno se non fosse inscritto in un sistema (la lingua).

Le «città» prese in sé avrebbero un valore limita-

tissimo se non fossero messe in relazione con le altre
« città ». Ma, guarda caso, è proprio la « relazione »
che conta, e bisogna scoprirla con pazienza, metterla
in luce con strumenti non soltanto letterari ma anche
scientifici. (E Pampaloni, nel seguito dell'articolo, lo
capisce benissimo.)

Pertanto ripetiamo che una lettura eseguita con « candido » trasporto ci darebbe de *Le città invisibili* un'immagine monca; o peggio ancora, consolatoria, fiabesca
nel significato deteriore del termine. Se invece la lettura
è adeguata al testo, ci si accorge che non c'è problema
« attuale » che non sia affrontato da Calvino, sebbene
nei termini ambigui e metaforici propri delle opere d'arte. Via via che si procede nella lettura, ci avvediamo
di scendere (sempre all'interno del « corpo » del libro,
beninteso) dalla testa ai piedi, quasi obbedendo al desiderio marxiano di riportare la speculazione filosofica
alla terra facendola precipitare dal cielo, dove l'avevano
confinata gli idealisti tedeschi. Non per niente le « città » dell'ultimo capitolo sono quelle che piú somigliano
alle nostre città, orribili, inabitabili e tuttavia abitate
per forza di inerzia: ci si abitua anche all'orrore.

Il castello dei destini incrociati

Dobbiamo confessare una nostra idiosincrasia di natura classista, che non fa onore all'oggettività del critico
ma che, secondo noi, lo giustifica sul piano politico.
La nostra idiosincrasia, o colpa, è questa: ci siamo
rifiutati di parlare nel luogo e al momento opportuni
di *Il castello dei destini incrociati* perché questo libro
è apparso, in edizione lussuosissima, presso l'editore
Franco Maria Ricci nel 1969. Un'edizione non solo economicamente costosa ma destinata a pochi intimi, agli
« happy few » di Calvino. Ora, che senso ha parlare
di un libro che gran parte (per non dire tutti) dei

nostri lettori non avrebbe avuto modo di leggere? E
cosí abbiamo trascurato *Il castello dei destini incrociati* il quale, anche se non costituisce una vetta del-
l'arte calviniana, appartiene pur sempre alla bibliografia
dello scrittore ligure. Anzi è una tappa cruciale poiché
se Calvino non avesse scritto questo libro, probabilmente non avrebbe scritto neanche *Le città invisibili*.
Almeno, questa è la nostra personale opinione; o se si
preferisce, intuizione.

Nel 1973 Calvino ha deciso di ripubblicare *Il castello
dei destini incrociati* in una edizione relativamente economica (editore Einaudi), sicché è venuta a cadere la
nostra remora classista. Adesso il libro è accessibile a
tutti gli estimatori dello scrittore ligure, che ancora una
volta non ha smentito l'etichetta di «scoiattolo della
penna».

Nella nota finale, scritta dallo stesso Calvino, il lettore potrà trovare tutte le notizie adatte a fargli capire
l'iter creativo di *Il castello*. Significativo, sempre secondo
noi, è il brano in cui Calvino confessa che non avrebbe
scritto il libro se l'editore Franco Maria Ricci non lo
avesse invitato a commentare con un racconto la splen-
dida stampa a colori dei tarocchi viscontei. Calvino
aveva in precedenza tentato di scrivere a piú riprese, e
senza riuscirvi, un commento narrato ai piú plebei tarocchi di Marsiglia, e tale racconto (o serie di racconti)
aveva intitolato *La taverna dei destini incrociati*. Il titolo era suggestivo ma non altrettanto gli intrecci combina-
tori dei racconti. «Stavo per arrendermi» scrive Calvino «quando l'editore Franco Maria Ricci m'invitò a
scrivere un testo per il volume sui tarocchi viscontei».
Calvino abbandonò il primitivo progetto della *Taverna*
e portò a termine con successo *Il castello*. Ora parleremo di entrambi, a modo nostro.

Nel saggio *Sulla pittura dei cinesi* incluso nel volume
Scritti sulla letteratura e sull'arte (Einaudi, 1973), Ber-

tolt Brecht annota tra l'altro: «Sui loro fogli gli artisti cinesi dispongono anche di molto spazio. Si ha l'impressione che alcune parti della superficie rimangano inutilizzate; ma queste parti svolgono una funzione importante nella composizione; a giudicare dalla loro estensione e dalla loro forma, sembra che esse siano state tracciate con la stessa cura con cui sono stati tracciati i contorni degli oggetti. Su questi vuoti la carta e la tela risaltano assumendo un valore ben preciso. L'artista non si limita a eliminare il fondo della pittura ricoprendolo interamente. Lo specchio in cui si riflette qualcosa conserva, in quanto specchio, il suo valore. Ciò comporta tra l'altro la lodevole rinuncia a ridurre in totale soggezione chi guarda il quadro: infatti si fa in modo che la sua illusione non sia senza residui. Io amo questi quadri come amo i giardini in cui la natura non viene completamente manipolata dai giardinieri; che hanno spazi liberi; nei quali le cose sono disposte l'una accanto all'altra».

Nello scrivere *Il castello dei destini incrociati* certamente Calvino non aveva ancora letto questo brano di Brecht. Gli ispiratori erano Propp e i suoi seguaci russi, francesi e italiani che si sono dedicati all'analisi strutturale del racconto, e alla combinatoria della cartomanzia e degli emblemi. Che cosa c'entrano questi studiosi con Brecht? In effetti non hanno nulla in comune, se non una ragionata ripugnanza per le categorie del pensiero e dell'arte borghesi. Queste categorie si fondano sulla pienezza del reale, sulla sua totale razionalità e leggibilità, senza residui offerti all'arbitrio dell'immaginazione. L'«horror vacui» è un luogo comune latino che definisce con esattezza la coscienza della borghesia. È stato detto che la banca è il suo tempio. Un altro luogo comune inconfutabilmente vero. Il denaro serve per chiudere tutti gli interstizi e le «falle» che si producono nella fantasia quando progetta di evadere dalla prigione sistematica del profitto. Il denaro occulta il futuro dietro un manto scintillante di beni superflui. L'uomo smette di pensare all'avvenire per un « carpe diem » non piú saggio, ma derisorio. Godere l'attimo che fugge significa perdersi nell'apparenza; significa soggiacere passivamente, e con voluttà, all'illusione. L'amore di Brecht per la pittura cinese è una proiezione traslata della sua poetica teatrale dello straniamento. È una poetica (o tecnica) contraddittoria. Brecht sospende l'azione affinché gli spettatori abbiano il tempo di ragionare sul suo significato e su quello dei personaggi. Dunque Brecht esige una visione razionale dell'opera. Né la contraddizione viene risolta affermando che tutta la forza del teatro di Brecht, al di fuori del suo contenuto palese, sta in quell'attimo sospeso, in quella frattura che permetterebbe allo spettatore di non ridursi in totale soggezione davanti al fascino continuo dello spettacolo. Anche la frattura è razionalizzata.

Il romanzo moderno e contemporaneo è il luogo privilegiato di questo discorso pieno, in cui ogni effetto è rigorosamente determinato da una causa, ed entrambi sono razionalizzati alla massima potenza e soprattutto situati su un asse lineare e progressivo. Questo schema può essere simboleggiato dalla figura di una piramide proiettata su un piano orizzontale: ogni sezione dipende dalla sezione rimpicciolita che la precede ed è a sua volta il presupposto della sezione ingrandita che la segue. Tutta la piramide è in funzione del vertice, cosí come il discorso romanzesco è in funzione della catarsi. E non importa che questa sia positiva o negativa: ciò che conta è la ferrea gerarchia della costruzione. Il lettore di romanzi corre avidamente e acriticamente verso il vertice, ovvero corre verso l'accettazione della gerarchia. L'esperienza della lettura del romanzo simula l'esperienza reale della solitudine e del silenzio dell'uomo di fronte a un potere occulto e onnipresente.

Il castello dei destini incrociati che comprende anche *La taverna dei destini incrociati* è basato sulla figura del mosaico. Le tessere sono, nel primo caso, i tarocchi miniati da Bonifacio Bembo per i duchi di Milano intorno alla metà del secolo XV; nel secondo caso, i comuni tarocchi marsigliesi. I luoghi dell'azione sono un castello solitario posto ai margini di un bosco, e una taverna. I personaggi che si incontrano sono sconosciuti l'uno all'altro, provengono da chissà dove, comunque sono tutti per cosí dire reduci da un'avventura. Vorrebbero comunicarla ai compagni occasionali, senonché hanno perduto la voce. Il primordiale bisogno di raccontare la propria storia li ispira a usare i mazzi dei tarocchi come un sistema di segni, come una lingua: ogni figura impressa nella carta ha un senso polivalente come lo ha una parola, il cui esatto significato si desume dal contesto in cui viene pronunciata. In questo caso il contesto è rappresentato dal mosaico di carte che ogni personaggio costruisce per comunicare la propria storia. Combinando le carte, egli mira a dare una immagine visiva della sua vicenda. Accade un po' come nel gioco del domino: al posto delle pedine ci sono le carte, che nel libro sono stampate a margine, di modo che il lettore può seguire contemporaneamente la figurazione e il racconto scritto che la commenta. Le storie d'amore e di morte, di orrori sepolcrali e di ariostesche follie, di re traditi e di spose dannate si inseguono e si intrecciano guidate dalla ossessione geometrica e al contempo congetturale di Calvino.

Si tratta di un vero « tour de force », di una virtuosistica esibizione del talento narrativo dello scrittore ligure. A prima vista sembra che una grazia ispirata e ininterrotta alimenti queste storie. Si ha l'impressione, a volte, di regredire fino ai secoli remoti in cui i contadini, i marinai e gli artigiani si comunicavano, disinteressatamente e distrattamente, come dice Benjamin, le loro esperienze; quei secoli in cui i castelli medievali e le corti rinascimentali coltivavano e custodivano l'arte dell'aneddoto « ben fatto ».

Resuscitare la spontaneità del racconto deve essere stata l'ambizione segreta di Calvino. Ma non si possono resuscitare i morti se non per finta, facendo appello, appunto, a una finzione, a un artificio. E l'operazione riesce a patto che l'artificio sia, per dirla in modo paradossale, spontaneo. Come sono spontanei gli « artificiosi quadri » degli antichi cinesi, che tanto ammirava Brecht. Senonché Calvino è stato plagiato dal fascino delle concettose metodologie degli strutturalisti del racconto.

Cosí *Il castello* è un luogo di falsa libertà immaginativa. La figura del mosaico non si contrappone alla figura della piramide, ma ne è un capriccioso corollario incapace di mettere in crisi la legge della gerarchia. Il narratore moderno si ricongiunge, per vie imprevedibili ma tracciate in anticipo, al romanziere onnisciente della borghesia. Forse per sfuggire a questo destino non resta che distribuire al popolo un congruo numero di mazzi di tarocchi, e invogliarlo a fantasticarci sopra a partire dalla coscienza della propria vita alienata.

Stiamo celiando, ovviamente. Ma non tanto. Crediamo che anche Calvino si sia posto drammaticamente, come tanti altri scrittori, il problema dell'utilità della letteratura. Un problema non nuovo o nuovissimo, sia detto per inciso, ma che ha assunto proporzioni gigantesche da quando si è capito, o si è creduto di capire, che il mondo si avvia a diventare sempre piú « chiuso », o in senso capitalista o in senso comunista. Se la rivoluzione è impossibile, la letteratura, che è progetto rivoluzionario sotto specie di forma estetica, resta prigioniera al suo nascere della prassi congelata della società. A questo punto lo scrittore è messo di fronte a una scelta: o darsi alla politica, o seguitare a scrivere nella speranza problematica che la sua opera aiuti gli uomini ad avviare il processo rivoluzionario. Calvino ha palesemente compiuto questa seconda scelta. E secondo noi, egli ha ragione. Ma ha anche capito che non è piú tempo di una letteratura gelidamente astratta come quella esemplificata ne *Il castello*. È tempo di una letteratura paradossalmente neo-popolare, alla Dumas o alla Sue, che però contrasti la letteratura menzognera trasmessa dai mass-media (rotocalchi, quotidiani, riviste femminili, ecc.). Come dovrà essere questa letteratura? Calvino non lo sa. Ma la sta cercando.

E questo è l'importante in uno scrittore vero.

Se una notte d'inverno un viaggiatore

Tu, lettore e lettrice, hai saputo che in libreria si trova il nuovo romanzo di Italo Calvino intitolato *Se una notte d'inverno un viaggiatore*. Siccome sono sei anni che non leggi un nuovo romanzo del tuo autore preferito, ti prende la smania di correre in libreria. Cerchi di frenare il tuo impulso, ti dici che è puerile smettere di colpo il tuo consueto lavoro per andare ad acquistare il libro. Ma non ce la fai. Il tuo istinto, o meglio il tuo vizio di lettore, o di lettrice, ha il sopravvento sulla virtú della ragione, o del semplice buon senso. Potresti andarci domani, in libreria. O anche dopodomani. Oppure la settimana prossima, quando avrai un po' piú di tempo, e magari anche un po' piú di denaro. Mica sparirà in un baleno, il nuovo libro di Calvino? È una domanda che ti poni e che ti mette in agitazione. Sei proprio caduto nella brace. E per non restare sui carboni ardenti, ti vesti in fretta e furia, esci e t'incammini a passi svelti verso il libraio dal quale di solito ti servi.

Ecco, sei finalmente nella libreria, subito ti dirigi verso una pila di libri dalle costole bianche, tipico colore delle edizioni Einaudi. E infatti, non ti sbagli. In cima alla pila vedi il romanzo di Italo Calvino *Se una notte d'inverno un viaggiatore*. Lo afferri con voluttà, senza neanche dargli un'occhiata all'interno, te lo fai incartare, paghi e noti con soddisfazione che il prezzo non è nemmeno tanto alto, col carovita che impazza dovunque e in ogni settore commerciale.

Rientri in casa, ti togli le scarpe, infili le pantofole o i sandali, ti abbandoni in una poltrona e apri il libro. Cominci a leggere:

> « Stai per cominciare a leggere il nuovo romanzo *Se una notte d'inverno un viaggiatore* di Italo Calvino. Rilassati. Raccogliti. Allontana da te ogni altro pensiero. Lascia che il mondo che ti circonda sfumi nell'indistinto. La porta è meglio chiuderla; di là c'è sempre la televisione accesa ».

Cosí, esattamente, parola per parola, inizia *Se una notte d'inverno un viaggiatore*. Né si creda che abbiamo voluto fare dello spirito narrando le reazioni del lettore, o della lettrice, la sua smania di comprare e leggere il nuovo romanzo dello scrittore ligure. Il contenuto del romanzo è propriamente la « macchina della lettura » (si badi bene, non della letteratura), quella macchina cioè che si mette in moto a cominciare dalla stampa in una determinata casa editrice, dalla distribuzione nelle librerie, dal battage pubblicitario, dalla vendita e dal successo o dall'insuccesso, tra il pubblico dei lettori.

Italo Calvino, insomma, si chiede in via preliminare che cos'è un romanzo nella sua totalità, ossia nel suo essere in primo luogo un oggetto fisico fatto di carta e di parole, che circola nella società tramite delle strutture economico-commerciali. In secondo luogo, si chiede chi sono i lettori e le lettrici, e che cosa vogliono trovare in un romanzo. In terzo luogo, si chiede in che cosa consiste lo specifico del romanzesco, ovvero il suo potere di « abbindolare » e di sedurre, di promettere ore e ore di appassionante evasione dal trantran quotidiano.

Non vorremmo che il verbo « chiedere » che abbiamo usato forse con troppa leggerezza e prodigalità fosse preso in senso negativo, essendo applicato a un'opera di fantasia. Basta intendersi, del resto. Calvino « chiede » in quanto « desidera » esprimere il significato della lettura di un romanzo, di qualsiasi romanzo. Si è intrufolato nella testa di un lettore, o di una lettrice, per raffigurare tutti i suoi moti psichici, sentimentali, emozionali, ideologici, politici, sociologici, e chi piú ne ha piú ne metta. In teoria, un'operazione semplice.

Senonché, abbiamo a che fare con il solito Calvino, che non smentisce il suo appellativo di « scoiattolo della penna », anzi lo ribadisce, lo rinvigorisce, lo porta alle estreme conseguenze. Semplice in teoria, l'operazione diventa testualmente un rompicapo, un *puzzle*, un acrobatico gioco letterario, che suscita subito stupore e ammirazione.

Cerchiamo di procedere con un minimo di ordine nel riferire la trama del romanzo (impresa assai ardua). Il personaggio chiamato Lettore con la maiuscola si accorge, a un certo punto, che il romanzo *Se una notte d'inverno un viaggiatore* s'interrompe, o meglio che è formato da tanti racconti tutti uguali. C'è stato un madornale errore nella rilegatura. Hanno rilegato una serie di « sedicesimi » tutti identici. Il lettore va dal libraio per avere il libro giusto, buono, « sano ». Dal libraio incontra la Lettrice, chiamata Ludmilla, alla quale è capitato lo stesso guaio del Lettore. Tra questi e Ludmilla si stabilisce un'intesa immediata, scatta una sorta di affinità elettiva: entrambi amano appassionatamente i romanzi.

Da questo momento in poi il destino del Lettore e quello della Lettrice sono strettamente congiunti, come in una storia d'amore. Ma la narrazione ha un andamento a strozzature: ogni volta che il Lettore e Ludmilla s'imbattono in un romanzo che vorrebbero leggere con agio e trasporto, ecco che il racconto s'interrompe per i piú svariati motivi. Questi racconti, o inizi di romanzi, sono dieci, e costituiscono altrettanti tipi di narrazione. Sono, propriamente, « stili di storie ». Calvino esemplifica quali sono i moduli e gli stilemi del romanzesco moderno, da quello della neoavanguardia (il primo, ad esempio, deriva da certa narrativa di Robbe-Grillet), a quello realistico politico; da quello geometrico-metafisico, a quello erotico-orientale; da quello esistenziale alla maniera del neorealismo a quello fantastico-surreale, ecc. (Questi inizi di romanzo sono il « quadro »).

Le avventure del Lettore e della Lettrice (che sono la « cornice ») inciampano, per cosí dire, in questi inizi di romanzi, o romanzi interrotti. (Ma attenzione: sono propri inizi di romanzi o romanzi interrotti? O non sono invece dei racconti conclusi, che cioè si possono leggere nella loro testualità, con pieno appagamento? Propendiamo per questa seconda ipotesi).

C'è da domandarsi, ora, chi è l'operatore occulto che impedisce al Lettore e alla Lettrice di leggere in santa pace i loro romanzi. Ebbene, il folletto malefico e beffardo ha un nome: Ermes Marana. Siamo totalmente d'accordo con Alfredo Giuliani quando scrive che Ermes Marana è il personaggio chiave del romanzo: « Ermes tra gli dèi dell'Olimpo è l'ineffabile briccone, il truffatore elegante, il grande inventore di trucchi, il bugiardo che incanta Apollo con la lira e con lo zufolo; ed è anche colui che sa predire il futuro, è il gentile accompagnatore delle anime dei morenti, è l'eterno giocatore». («La Repubblica», 19 giugno 1979).

Se una notte d'inverno un viaggiatore è sostanzialmente un gioco letterario, ma un gioco letterario serio, drammatico, che implica la possibilità di giungere alla conoscenza del reale. (I bambini giocano per impossessarsi, inconsapevolmente, del significato della vita). Mai come in questo romanzo Calvino aveva mostrato palesemente i suoi trucchi di narratore, di prestigiatore della parola romanzesca. Li esibisce in modo smaccato, provocatorio. Ammicca al lettore e gli dice: «Guarda come sono bravo». In verità, gli dice anche: «Non lasciarti incantare dalla mia abilità, non è merito mio, ho imitato molti scrittori e molti semiologi. Il mio merito consiste nell'aver saputo trascrivere i suggerimenti e le sollecitazioni che mi provenivano dal romanzo contemporaneo preso nel suo insieme».

Calvino, dunque, gioca. (Il suo modello dichiarato sono le *Mille e una notte*). Ma a leggere con attenzione il suo libro ci si accorge che il suo gioco non è tutto giocoso. Segnali d'allarme e di malessere s'insinuano nell'apparente gaiezza delle avventure. La «macchina romanzesca» corre a tutta velocità verso l'epilogo, ma correndo lascia per così dire sulla strada pezzi di carrozzeria e magari anche pezzi di motore, a significare che l'antica saldezza e salute del romanzesco è ormai agli sgoccioli, e che la festa della fantasia è possibile soltanto se è alimentata dal sentimento del contrario, dalla morte della finzione, soppiantata da quella grande finzione che è il mondo delle cose e degli oggetti tangibili.

Resta, tuttavia, un fatto incontrovertibile: il vero tema del romanzo di Calvino è la finzione romanzesca, in tutti i suoi aspetti. Leggere un romanzo equivale a entrare nel regno della finzione, nel cerchio del sogno ad occhi aperti. Come scrive il mitologo Kerény, la lettura di romanzi provoca un « ampliamento dell'esistenza ». Il progetto letterario di Calvino (e non solo in questo libro) era proprio quello di provocare un simile « ampliamento ». Ci è riuscito? È una domanda a cui il critico non può sfuggire. Confessiamo di trovarci in grave imbarazzo. Notiamo che lo stile è insolitamente (ma volutamente) trasandato. C'è un'eleganza della non-eleganza. Ma si sente troppo, si vede, si tocca quasi con mano. E allora azzardiamo il giudizio: abbiamo l'impressione che il grandioso progetto letterario di Calvino non collimi con l'esecuzione. Ammiriamo la sapienza della struttura, ma i suoi grumi di verità narrativa ci lasciano spesso freddi. O almeno, insoddisfatti. Formalmente insoddisfatti. Bellissimo il « quadro », ma troppo spesso la « cornice » lo inghiotte, lo rende quasi arbitrario.

Una pietra sopra

Da quando alla letteratura è stato chiesto di giustificare la propria volontà di esistere, lo scrittore è stato costretto a collocare nel suo studio due scrivanie. In una ci sono i fogli destinati alle opere della fantasia. Nell'altra, una complessa e complicata strumentazione per analizzare il lavoro creativo e rispondere alle domande, sempre piú assillanti e provocatorie, che giungono dal mondo esterno, dalla società nel suo insieme. Non sappiamo di preciso in quale momento della storia letteraria lo scrittore abbia dovuto munirsi di queste due scrivanie. Con qualche approssimazione possiamo supporre che sia stato Flaubert a cominciare il doppio lavoro, in senso fisico ma soprattutto metaforico. Il disperato accanimento che il romanziere francese metteva nell'elaborazione di ogni frase, anzi di ogni parola, per conseguire un determinato effetto artistico, può essere interpretato come la difesa, consapevole e insieme inconsapevole, contro l'indifferenza sociale per i valori profondi della letteratura. Il pubblico borghese dei tempi di Flaubert era uscito allo scoperto ed esigeva, ormai brutalmente, una letteratura funzionale, pratica, che oltre a soddisfare i bisogni dell'immaginazione doveva anche dimostrare l'utilità sociale dell'immagine, cioè della metafora letteraria.

Da quel momento la letteratura diventava tutta impegnata, anche quella che teorizzava la torre d'avorio. Zola e Mallarmé sono forse gli esempi estremi e opposti del coinvolgimento dello scrittore e del poeta nel flusso magmatico del sociale. Il primo, gettandosi nella mischia di persona, e con saggi politici, pedagogici, scientifici, ecc. Il secondo, ritraendosi nello spazio rigorosamente poetico, difendendo con prometeico orgoglio l'autonomia della parola che riflette su se stessa.

I due tipi d'impegno hanno caratterizzato in modo abnorme tutto il nostro secolo, almeno fino a questi anni. (Ma si può ipotizzare un futuro simile, per chissà quanto tempo ancora). Non è il caso di fare i nomi del primo e del secondo impegno, anche perché sarebbe un'operazione ingiusta e sbagliata, in quanto ciascuno dei due tipi d'impegno non si trova mai allo stato puro, se non nelle menti schematiche degli ideologi. Ci preme soltanto ribadire che l'istituzione delle « due scrivanie » risponde a una ineludibile domanda storica, culturale e sociale.

Italo Calvino ha resistito a lungo prima di mostrare in un volume la seconda scrivania, ossia quella dell'intellettuale impegnato. (*Una pietra sopra. Discorsi di letteratura e società*). Molti di questi scritti erano apparsi su riviste e quotidiani, altri sono conferenze e relazioni lette in varie città italiane e straniere, risposte a questionari, ecc. Poi c'è, significativamente, l'introduzione a Charles Fourier per il libro einaudiano *Teoria dei Quattro Movimenti - Il Nuovo Mondo Amoroso*.

La ritrosia, o meglio il ritegno di Calvino a presentare in pubblico l'altra scrivania (a presentarla, cioè, nella raggelata compiutezza del libro) è in carattere con l'atteggiamento mentale del narratore, che considera ogni sua opera un punto di partenza e mai d'arrivo. E figurarsi quando si tratta di un saggio che per sua natura è sempre legato alla contingenza, al transeunte, perfino agii umori del giorno e dell'ora. Diciamo subito che la decisione di Calvino di pubblicare *Una pietra sopra* è giusta e tempestiva. Certo, alcuni di questi saggi mostrano la patina del tempo in cui sono stati pensati e scritti; ma è, appunto, una sottilissima crosta epocale. La sostanza conserva un'intatta vitalità e una sottile ma profonda attualità.

Nel 1955 Italo Calvino scrive il citatissimo saggio *Il midòllo del leone*, in cui orgogliosamente assegna alla poesia il compito di contrastare, e forse sconfiggere, la cieca fiumana della barbarie.

> « Intelligenza, volontà: già proporre questi termini vuol dire credere nell'individuo, rifiutare la sua dissoluzione. E nessuno piú di chi ha imparato a porre i problemi storici come problemi collettivi, di masse, di classi, e milita tra coloro che seguono questi principî, può oggi imparare quanto vale la personalità individuale, quanto è in essa di decisivo, quanto in ogni momento l'individuo è arbitro di sé e degli altri, può conoscerne la libertà, la responsabilità, lo sgomento ».

Intelligenza, volontà, responsabilità personale. Fin dall'inizio, o quasi, della sua carriera Calvino si batte per una poesia (in narrativa o in versi) svincolata dall'indistinto romantico, dalla soggettività torbida e vitalistica, dal culto per la rugosa e limacciosa realtà, dall'espressionismo ubriacone del linguaggio. I suoi maestri sono gli stoici di ieri e di oggi, che al pessimismo dell'intelligenza fanno subito seguire l'ottimismo della volontà. Tutto il libro è attraversato coerentemente dall'ostinazione a resistere al fascino dell'irrazionalità e del pragmatismo privo di una calcolata e consapevole progettazione. (La parola «ostinazione» ricorre con sintomatica frequenza.)

A ogni scacco che la ragione subisce ad opera dell'imprevedibile realtà, e quindi della storia, Calvino risponde con un rilancio della ragione, situata a un livello superiore a quello precedente. Per questo la sua indiscussa moralità non si congela mai in un ipocrita e sterile moralismo. La moralità è il sentimento di chi giudica le cose e gli uomini a partire dalla coscienza della loro irreversibile storicità. Il moralismo, al contrario, pur richiamandosi alla storia, in effetti la cancella, e la mette tra parentesi, per far valere una concezione dell'immutabilità dell'uomo. Dire che non c'è nulla di nuovo sotto il sole, è saggio. Ma non dire che a ogni giro di sole le cose e gli uomini assumono un significato diverso, è vile, e conduce al fascismo di destra o di sinistra.

La griglia geometrica attraverso la quale Calvino osserva e giudica è quindi estremamente mobile, e bisogna saperla adattare alle circostanze e alle situazioni, via via che si presentano nella mappa del sociale e del privato. Il fine di questa strategia della ragione è sempre quello di preservare il singolo individuo dal «mare dell'oggettività». Esiste la struttura (economica e sociale), è vero, ma ciò che conta è l'evento, che è irripetibile, sacro, e non si può né si deve inserire nella matematizzazione della società industriale avanzata e massificata.

Per dirla in termini artistico-letterari, la «lingua» è il luogo «naturale» in cui e per cui avvengono i nostri discorsi. Ma la verità di questi discorsi si trova nello spazio del «linguaggio», che è la punta individuale e creativa della lingua. Tra il Calvino teorico e il Calvino fantastico non c'è alcuna incompatibilità. La sua narrativa è la «forma» del contenuto della società che egli ha in mente e per la quale si batte. Una società in cui gli eccessi della fantasia e della spontaneità sono continuamente ricondotti nell'alveo rigoroso della ragione.

Palomar

Nei primi anni Settanta, sulle pagine del «Corriere della Sera» a cui allora collaborava, Italo Calvino fece comparire un certo signor Palomar. Cioè un gruzzolo di racconti che avevano per protagonista un personaggio chiamato Palomar, come il celebre osservatorio astronomico situato sull'omonimo monte della California. Poi Calvino ritirò Palomar dalla circolazione giornalistica, e non se ne sentí piú parlare. Finché non comparve di nuovo, in volume e sul paginone centrale de «La Repubblica». E siccome era luglio, un luglio tra l'altro afosissimo, il signor Palomar, in quel racconto, si trovava al mare. Che cosa faceva? Non il bagno, come avrebbe fatto qualunque persona reale, e statisticamente media. Siccome il signor Palomar è un personaggio di fantasia (e di quella particolare fantasia che agita la mente di Calvino), in quel luglio era intento a leggere una «spada di sole». E forse anche a «leggere un'onda». Ossia isolare un'onda tra le innumerevoli onde che gli venivano incontro, e guardarla. Cosí, per il solo gusto di guardarla. E infatti:

> «Il signor Palomar vede spuntare un'onda in lontananza, crescere, avvicinarsi, cambiare di forma e di colore, avvolgersi su se stessa, rompersi, svanire, rifluire. A questo punto potrebbe convin-

cersi d'aver portato a termine l'operazione che s'era proposto e andarsene ».

Il signor Palomar potrebbe, ma non se ne va. All'improvviso ha la stupefatta consapevolezza che non ha visto niente, nessuna onda, e tanto meno quella particolare onda che credeva di aver percepito con lo sguardo. È stato troppo precipitoso, e si accorge che « ... isolare un'onda separandola dall'onda che immediatamente la segue e pare la sospinga e talora la raggiunge, è molto difficile... ». Gli sorgono nella mente altri metodi di osservazione e di « lettura » di un'onda, e a poco a poco si convince che il semplice proposito che si era imposto è una sorta di follia della volontà classificatrice, un vizio della ragione. E ne prova dispetto e amarezza.

I fallimenti tassonomici e decifratori di Palomar di fronte alla proteica realtà sociale e naturale costituiscono il tema di questo sorprendente romanzo. Sorprendente, in quanto mai Calvino è stato cosí esplicitamente metafisico come in questo romanzo. Nei suoi precedenti libri, l'aspetto filosofico e trascendentale della esistenza veniva interamente calato e fuso nella narrazione, nell'intreccio fabulatorio. Qui la narrazione e l'intreccio sono ridotti al minimo. Predomina la descrizione. Che sia su una spiaggia, o nel proprio giardino, o sul terrazzo della sua casa, Palomar non fa altro che osservare e descrivere, operazioni preliminari o simultanee dell'interrogazione.

Palomar è infatti animato dal demone dell'interrogazione. In principio gli oggetti e le situazioni si impongono al suo sguardo, dilagano nel suo occhio mobilissimo e attonito, incuriosito e lievemente miope, partecipe e distaccato. Poi gli oggetti e le situazioni penetrano nel rovello della sua coscienza. E infine balzano per cosí dire nella struttura del suo cervello, nel sistema dei suoi pensieri, anzi del suo pensiero. E a questo punto Palomar comincia a interrogarsi sulle arcane corrispondenze tra il cosmo e l'uomo, tra la natura e il linguaggio umano, tra l'unità dell'io e la molteplicità del reale. Palomar vorrebbe trovare la leva di Archimede, o il principio di Linneo, o l'idea della necessità di Monod, o addirittura l'architrave della teologia di Tommaso d'Aquino. Ovviamente, Palomar non sa che sta cercando questi pilastri filosofici e metafisici, o soltanto naturalistici. Ma si comporta come se ne fosse consapevole.

« Uomo nervoso che vive in un mondo frenetico e congestionato, il signor Palomar tende a ridurre le proprie relazioni col mondo esterno e per difendersi dalla nevrastenia generale cerca quanto piú di tenere le sue sensazioni sotto controllo ». Sembra il programma di Monsieur Teste di Valéry. E sembra anche un personaggio vagheggiato da Robbe-Grillet. Ma Palomar è infinitamente piú travagliato, piú « umano ». È insomma il tipico personaggio di Calvino che di fronte alla complessità e alla insondabilità del mondo, non si accontenta delle tranquillizzanti risposte della ragione, e tanto meno della appagata seppure inquietante descrizione degli oggetti e delle persone (risposte e descrizioni tipiche in Valéry e in Robbe-Grillet), ma ostinatamente vuole andare al di là di ogni certezza offerta dal raziocinio e dalle misure geometriche. Palomar è come sospeso tra due epoche, quella dell'illuminismo e quella delle scienze positive, esatte. A nessuna delle due si sente piú in grado di aderire, se pure vi abbia qualche volta aderito. Per usare un vocabolo, o meglio un concetto abusato, Palomar è un personaggio in crisi, che cerca di ricomporre la mitica o mitologica armonia tra le percezioni della coscienza e il presunto, oggettivo disegno della natura, il suo fine, la sua escatologia. Né, d'altra parte, Palomar è disposto al compromesso con se stesso, se è vero che non gli passa neanche per la mente che potrebbe rifugiarsi tra le braccia del vecchio umanesimo.

Si direbbe che abbia bruciato alle sue spalle tutti i fondamenti del sapere, tutti i parametri del comportamento, tutte le norme fittizie che rendono possibile la convivenza tra gli uomini, e tutte le ideologie. Ma a differenza di un personaggio di Robbe-Grillet e della cosiddetta «scuola dello sguardo», Palomar persegue appunto il progetto di capire il «nuovo» senso del mondo e di costruirvi sopra un «nuovo» sistema di valori. Progetto sommamente metafisico, che la morte s'incarica di risolvere bruscamente.

Qualche critico ha notato in Palomar una certa aridità, una perplessità paralizzante. Al contrario, ci pare che Palomar sia sovraccarico di vitalità, se non biologica certamente intellettuale. Forse Calvino gli sta troppo addosso, cioè lo costringe a cavillare di continuo (o a «calvinare»?). Ma proprio in questo, nel cavillare e nell'almanaccare, nell'interrogare e darsi risposte problematiche, consiste la pienezza del personaggio, la sua singolarità e la sua riuscita. È vero: Palomar non vive, si guarda vivere. Ma si guarda vivere non quietamente, non scioccamente, non supinamente, non candidamente. È una specie di Marcovaldo istruito, attrezzato per il lavorío dell'interpretazione e della decifrazione del reale.

Una prosa esatta, mercuriale e luminosa accompagna le tappe dell'insonne investigazione di Palomar. Non una parola è fuori posto, o di troppo. Ed è straordinaria l'abilità di Calvino nel restituire con le parole le vertigini del pensiero speculativo. Il problema in questo romanzo era di esprimere in forma letteraria ciò che le filosofie, la semiologia e le ideologie hanno enunciato in termini concettuali, spesso astrusi e oscuri. Calvino ha risolto pienamente questo problema.

Breve intervista a Italo Calvino

Da molto tempo Italo Calvino non interviene piú pubblicamente, e con continuità, sulle cose della letteratura. Tranne che in rare occasioni, preferisce occuparsi d'altro, per esempio di mostre curiose e raffinate, in cui vengono riproposti i segni minimi o marginali dell'attività dell'uomo, come la storia dei nodi, oppure i disegni degli scrittori ottocenteschi. Qualche volta interviene su grosse polemiche culturali, ma con l'aria di stancarsi. Gli è capitato a proposito del ventilato viaggio negli Stati Uniti dei Bronzi di Riace.

Il suo volume di saggi intitolato *Una pietra sopra*, pubblicato alcuni anni or sono, rischia di diventare programmatico. Mettiamo una pietra sopra a tanti discorsi sulla letteratura, la politica, l'avanguardia, la lingua, eccetera. E allora, di che scrivere? Di che ragionare? Come impegnarsi? In quale direzione? Una scelta Calvino l'avrebbe già fatta, occupandosi appunto di quelle mostre di cui abbiamo detto, che non sono mostre sulla storia ma sulla microstoria, cosí cara alle « Annales » francesi. Del resto Calvino vive tra Roma e Parigi. Forse in questi viaggi medita come fa Palomar, il protagonista del suo romanzo omonimo. Un romanzo che ha messo in imbarazzo i critici, abituati a un Calvino da sempre affabulatorio, anche se con robusti innesti strutturalistici e narratologici.

A me sembra che Palomar sia una specie di Marcovaldo intellettuale, sofista, o anche il figlio per cosí dire piú arrovellato del protagonista di Una giornata di uno scrutatore.

« Un uomo osserva un aspetto della natura — spiega Calvino — e cerca di trarne delle conseguenze generali ma in genere non ci riesce: questo dovrebbe essere lo schema comune di ogni raccontino di Marcovaldo come di Palomar, ma comunque credo che si tratti di due libri molto diversi. Credo che Palomar si avvicini di piú allo *Scrutatore*, racconto di riflessione su una esperienza descritta minuziosamente, un tipo di racconto che corrisponde a una delle mie possibilità di scrivere, certo quella che mi costa piú tensione e lavoro ».

L'azione di Palomar sta tutta nella sua attività intellettuale. Non agisce, o quasi. Ma pensa. Questa abnorme crescita della teoria a scapito della prassi, corrisponde a una sua conclusione, magari provvisoria, sul significato dell'ideologia illuministica dei suoi anni giovanili?

« Chissà se ero davvero illuminista come dicono. Ogni posizione ideale, poi, può avere cento applicazioni diverse. Palomar non si presenta come uomo d'azione, vero; però va a fare la spesa, e questo è importante ».

Credo che uno scrittore sia, in qualche modo, un esorcista. Esorcizza il caos, il male del mondo con l'armonia dello stile, con la geometria della scrittura. Ritiene valido e sufficiente ancora oggi questo tipo di impegno dello scrittore?

« L'armonia e la disarmonia, l'ordine e il caos, la struttura e l'entropia sono poli tra i quali si muovono le riflessioni di Palomar: non solo lo stile, ma soprattutto il pensiero, in questo libro, si preoccupano di questo ».

Si dice che la letteratura sia per tre quarti memoria della infanzia e della fanciullezza. Quali sono le immagini e le esperienze di quelle età che, secondo lei, agiscono piú profondamente nella sua narrativa?

« Ho vissuto ininterrottamente i primi venticinque anni della mia vita a San Remo, e nel suo entroterra delle Alpi Liguri. Anche le memorie familiari dei secoli sono per me legate a quei luoghi. Un richiamo diretto o indiretto a quel territorio è stato presente in molti miei racconti e libri. E un libro come Palomar, in cui la Liguria in quanto ambientazione è completamente assente, può considerarsi una eccezione ».

Tra incombenti e ingombranti e frastornanti mass-media, può la letteratura esercitare la sua antica funzione pedagogica in senso lato?

« La lezione della letteratura è insostituibile (e anche indefinibile) ».

Ricordo le sue polemiche con Robbe-Grillet e la cosiddetta « scuola dello sguardo ». Ho l'impressione che, alla lunga, le « profezie » di Robbe-Grillet si siano avverate, che la sua narrativa, cioè, abbia anticipato le esperienze che stiamo vivendo, con il trionfo degli oggetti sull'uomo. Quale è la sua impressione?

« Robbe-Grillet aveva costruito una rappresentazione del mondo di perfetta coerenza, tanto è vero che — sia lo si condivida sia lo si contraddica — ancora oggi non si può prescinderne, soprattutto quando si tratta di descrizione, cioè di rendere la sostanza delle cose ».

Come si può vedere, Calvino non si è davvero impegnato nelle risposte, forzandole magari al di là della lettera. Si direbbe che non prenda partito, che non abbia piú voglia di impegnarsi sul sociale e sul politico. Insomma, ci ha messo « una pietra sopra »? Crediamo di no. Siamo troppo abituati agli imprevedibili percorsi di Calvino per prestare fede totale al suo disimpegno politico in favore di un assoluto impegno letterario. Sarebbe la torre d'avorio, che lui ha sempre evitato.

(8 febbraio 1984)

Collezione di sabbia

Dopo *Una pietra sopra* Italo Calvino ha pubblicato, nel novembre 1984, un altro libro non narrativo: *Collezione di sabbia*. Ma a differenza di *Una pietra sopra*, *Collezione di sabbia* è un volume che mostra, almeno editorialmente, un Calvino del tutto inedito. I suoi preminenti interessi letterari sembrano accantonati in favore di un approccio diretto alla realtà. Ma con Calvino i verbi al condizionale sono quasi di rigore. È vero che *Collezione di sabbia* contiene articoli scritti, in varie riprese e con intenti non espressivi, per essere pubblicati su quotidiani o riviste, o per essere trasmessi dalla radio. Altrettanto vero, però, è che il loro carattere giornalistico viene continuamente contraddetto dallo stile e soprattutto dalla particolare angolazione ideologico-sentimentale con cui sono osservati gli oggetti della vita quotidiana.

Calvino giornalista, dunque, ma di un giornalismo sui generis. Lo scrittore visita mostre bizzarre, scruta statue e colonne vetuste, recensisce libri che paiono marginali rispetto al dibattito militante sulle idee e sulla cultura, decifra i « segni » della morte del suo amico Roland Barthes, descrive aspetti peculiari del Giappone, dell'Iran, del Messico, dove lo hanno portato i suoi impulsi di viaggiatore.

Dare conto di un libro composto di articoli pubblicati in un arco di tempo di dieci anni (dal 1974 al 1984) non è mai un'impresa facile, a meno che non si tratti di una produzione centrata su un unico tema, o su un'unica forma del sapere o del reale. Sarebbe ingiusto privilegiare questo o quell'articolo, dato che l'insieme (la struttura dell'insieme) non è meno importante dei singoli « pezzi ». E piú fruttuoso, infatti, è il tentativo di individuare un minimo comun denominatore per cosí dire ideologico. Come sempre, un suggerimento prezioso ci viene dallo stesso Calvino, che ha diviso il suo libro in quattro sezioni: « Esposizioni-Esplorazioni »; « Il raggio dello sguardo »; « Resoconti del fantastico » e « La forma del tempo ». Ebbene, salta subito all'occhio la volontà dello scrittore ligure di stare alla larga dalle affollate e confuse rive dell'impegno storicamente formulato. In parallelo alla narrativa che è andato praticando in questi ultimi anni, Calvino tende a rifuggire da ogni tipo di interpretazione forte. In altre parole, il suo intento palese è di liberarsi di ogni fardello ideologico, e anche della propria soggettività (operazione quanto mai problematica), per attingere alla verginità delle cose. Si direbbe che le esigenze dello sguardo siano poste come primarie rispetto a tutte le altre esigenze vitali. Ciò non è vero, si capisce, ma l'atteggiamento dello scrittore autorizza a supporlo. La sua ossessione delle mostre (scegliendo le piú eccentriche) non è soltanto psicologica, ma racchiude una metafora anche troppo facilmente decifrabile. Il mondo è, il mondo si mostra, il mondo è nel concreto apparire delle cose, delle orme, delle tracce, degli oggetti fabbricati dall'uomo.

Si legga questo brano, quasi ad apertura del libro:

« In una esposizione di collezioni strane che c'è stata di recente a Parigi (1974, *n.d.r.*) — collezioni di campani da mucche, di giochi di tombola, di capsule di bottiglie, di fischietti di terracotta, di biglietti ferroviari, di trottole, d'involucri di rotoli di carta igienica, di distintivi collaborazionisti dell'occupazione, di rane imbalsamate —, la vetrina della collezione di sabbia era la meno appariscente ma pure la piú misteriosa, quella che sembrava aver piú cose da dire, pur attraverso l'opaco silenzio imprigionato nel vetro delle ampolle ».

L'eccentricità dell'anonima collezionista di sabbia,

anzi di sabbie, suscita in Calvino uno scatto di stupore materialistico, non disgiunto dal pathos dell'interrogazione metafisica. Nonostante la volontà di privilegiare l'occhio, Calvino non può nascondere la sua mente, e tanto meno la sua soggettività. Certi aggettivi, certi toni sintattici lo smascherano subito (... « l'opaco silenzio imprigionato »...). L'articolo termina con una sorta di dichiarazione di poetica, e anche di tormentoso progetto filosofico: « Cosí decifrando il diario della melanconica (o felice?) collezionista di sabbia, sono arrivato a interrogarmi su cosa c'è scritto in quella sabbia di parole scritte che ho messo in fila nella mia vita, quella sabbia che adesso mi appare tanto lontana dalle spiagge e dai deserti del vivere. Forse fissando la sabbia come sabbia, le parole come parole, potremmo avvicinarci a capire come e in che misura il mondo triturato ed eroso possa ancora trovarvi fondamento e modello ».

La sabbia come sabbia. Le parole come parole. Che significato hanno questi enunciati? Con qualche perplessità da parte nostra, diciamo che Calvino invoca il silenzio della ermeneutica, della interpretazione, in favore non della dialettica (secondo una divisione tradizionale) ma della sospensione di giudizio, che molto si avvicina alla fenomenologia.

Calvino sembra qui contraddire radicalmente la tesi di un altro suo famoso saggio, « Il mare dell'oggettività » (vedi *Una pietra sopra*) e anche « La sfida al labirinto » (*ibid.*). In quelle occasioni, contro l'avanzare di una letteratura che si pretendeva esterna all'uomo, tutta calata nella minuziosa descrizione degli oggetti, Calvino opponeva la « letteratura della coscienza », il cui modo di intendere la realtà è « pur sempre quello della non accettazione della situazione data, dello scatto attivo e cosciente, della volontà di contrasto, della ostinazione senza illusioni ».

Evidentemente questi buoni propositi si sono dimostrati inadatti a dare conto delle profonde trasformazioni che ha subito la società e con essa i parametri culturali. Rappresentare la sabbia come sabbia e le parole come parole significa in ultima analisi rinunciare a intervenire, almeno con gli strumenti letterari, nel caotico procedere della storia. Calvino aspira a diventare un registratore di eventi, naturali, sociali e storici in senso lato. La dialettica si è congelata. L'interpretazione è un rovello che non porta a nulla, o porta al nulla. Non resta che un religioso rispetto per la materia, e per tutti gli oggetti e le storie che l'uomo ha inventato. Forse il mondo può trovare « fondamento e modello » nel fissare con stupore e compassione la sabbia della natura e le parole allineate dallo scrittore.

Tuttavia, *Collezione di sabbia* non è un libro di segno negativo. È un libro leopardiano. Vuole dimostrare una tesi già precostituita. Ma dal movimento della tesi verso il discorso che la ingloba, si produce senso, cioè una dialettica minima. La dialettica, possiamo dire, di una decorosa sopravvivenza.

Sotto il sole giaguaro

Come abbiamo più volte sottolineato, negli ultimi anni della sua carriera di scrittore, Italo Calvino aveva sempre più accentuato una caratteristica stilistica e compositiva che si trova in tutti i suoi libri: cioè il gusto per l'intreccio geometrico, la passione per l'architettura aerea e astratta (si pensi alle *Città invisibili*), la predilezione per le combinazioni della teoria dei giochi, la seduzione dello strutturalismo e della semiologia. Insofferente della sua vena giovanile, in cui la favola prendeva nettamente il sopravvento sulla volontà razionalizzatrice, si immergeva volentieri nel pensiero speculativo. Lo attraevano le metodologie e le scoperte della scienza. Lo affascinava l'ordine misterioso della natura di contro al disordine e al caos della storia degli uomini.

Insieme alla accentuazione di questa tendenza, cresceva in lui una insospettabile insofferenza verso l'illuminismo, verso la «dea ragione», e persino verso il progresso sociale. Ad esempio, il suo *Palomar* è un uomo che sta fermo, che non agisce nella storia, che gode di un suo fantastico solipsismo intellettuale. Con *Palomar* siamo ormai nella metafisica di Calvino, o meglio ancora nella sua complessa religiosità (che però si era già messa in evidenza in *La giornata di uno scrutatore*).

Dall'ottimismo illuminista della sua giovinezza, Calvino era passato al pessimismo della maturità. Ma si trattava pur sempre di un pessimismo governato dalla ragione. E inoltre questo pessimismo riguardava piuttosto l'inadeguatezza dell'uomo sociale, dell'uomo storico di fronte alle leggi imprescindibili della natura. In *Palomar*, ancora per tornare al paragone, la natura è rispettata nella sua insondabile integrità, e sacralizzata.

I tre racconti postumi che hanno per titolo *Sotto il sole giaguaro* rivelano un Calvino ulteriormente pessimista, senza spiragli di speranza di nessun genere. E in questo pessimismo vengono accomunati in egual misura l'uomo e la natura. Dalle vaghe notizie editoriali, sappiamo che Italo Calvino aveva in progetto di scrivere cinque racconti, ciascuno dedicato a un senso: la vista, l'olfatto, l'udito, il gusto e il tatto (piú, forse, un sesto senso, il senso comune). Calvino ha scritto soltanto i racconti sull'olfatto, il gusto e l'udito. Gli altri, o non ha voluto scriverli, o non ha potuto per la fine prematura e improvvisa. Dubitiamo che tutti questi tre racconti siano inediti. A parte il primo, pubblicato sulla rivista «FMR» nel 1982 (come informa la nota editoriale), ci pare di ricordare che anche il terzo (*Un re in ascolto*) fu pubblicato, sia pure in forma ridotta, sul paginone centrale di « Repubblica ». Questo libro, dunque, manca di un doveroso apparato filologico, o comunque si poteva affidare a qualche critico (per esempio a Maria Corti) una prefazione, una presentazione, insomma qualcosa di piú importante e di meno vago della schedina di Giorgio Manganelli, stampata come risvolto.

Il libro doveva intitolarsi *I cinque sensi*. (E qui vogliamo ricordare la nostra recensione alle *Città invisibili*, recensione intitolata, in origine, espressamente *I cinque sensi di Calvino*, e il concetto viene ribadito nel contenuto della recensione stessa. Amiamo pensare, con una punta di orgogliosa presunzione, che Calvino si sia rammentato di quella nostra recensione).

E veniamo ai racconti. Il primo (« Il nome, il naso ») raffigura un intreccio di tempi storici, di situazioni, di personaggi e di stili, tutti dominati dal senso dell'olfatto. Questo senso padroneggia gli animali della preistoria, del branco, poi gli uomini del Settecento e infine una sorta di comunità di « rockettari » americani. Il senso morale è guidato dall'olfatto, che decide con chi stare e come stare, quasi che le leggi della convivenza civile fossero dei puri vestiti, delle maschere inessenziali. Nell'uomo di oggi c'è l'olfatto dell'uomo di ieri e perfino dell'animale del branco, un istinto che sopprime tutti gli altri istinti civilizzati, tutte le altre regole della storia.

Nel secondo racconto (« Sotto il sole giaguaro ») una coppia di sposi che si trova in Messico, forse per motivi professionali, è ossessionata dal particolare gusto dei cibi. Anzi, a essere ossessionata è lei, la donna. Si chiede: come mai la cucina messicana è cosí densa di sapori? Non è una domanda retorica. Si scopre che quella densità di sapore deriva dagli antichi riti degli Atzechi, dai sacrifici umani di « religioso » cannibalismo, e dalla necessità di ingurgitare altri cibi per sopprimere il gusto tremendo della carne umana. Si scopre che la donna ha l'istinto di divorare il marito, e il marito di divorare lei. Non è solo una metafora della coppia in crisi, è anche la realtà profonda di ogni coppia umana.

Nel terzo e ultimo racconto (« Un re in ascolto »), si presenta la situazione di un re seduto implacabilmente solo sul suo trono, e per difendere se stesso e il suo regno è costretto a conoscere tutti i segreti del palazzo attraverso i suoni che gli giungono, cercando di interpretarli correttamente. Bellissimo è il tentativo del re di « congiungere » la sua voce con quella di una donna sconosciuta, mai vista.

Che cosa ha voluto dire Calvino? Ha voluto dire che ogni uomo è prigioniero dei suoi sensi particolari e singolari, anzi che tutta l'umanità è prigioniera dei sensi primordiali, e che ogni tentativo di infrangerli per costruire una civiltà superiore è destinato a fallire. L'unica salvezza paradossale sta nell'affinare i sensi, prenderne piena coscienza, e poi cercare di guidarli finché è possibile, con l'amara certezza che al termine ci sarà comunque il fallimento di ogni progettazione storicistica.

Lezioni americane

Il 6 giugno 1984 Calvino fu invitato dall'Università di Harvard a tenere le Charles Eliot Norton Poetry Lectures, cioè un ciclo di sei conferenze che hanno luogo nel corso di un anno accademico. Le conferenze dovevano svolgersi nel 1985-1986. Stava accingendosi a partire per il Massachusetts, dove ha sede l'Università di Harvard, quando un ictus lo stroncò. Per due anni, in modo ossessivo, Calvino lavorò a quelle conferenze. Ne scrisse cinque sui temi della « **Leggerezza** », della « **Rapidità** », della « **Esattezza** », della « **Visibilità** » e della « **Molteplicità** ». La sesta, che aveva per argomento la « Coerenza », l'avrebbe scritta negli Stati Uniti. La vedova Esther Calvino scrive che ne ha trovato soltanto qualche appunto.

Le cinque conferenze di Calvino sono state pubblicate prima in inglese, e ne ignoriamo il motivo. In italiano sono apparse con il titolo complessivo di *Lezioni americane. Sei proposte per il prossimo millennio* (ed. Garzanti, 1988). L'importanza del libro non è sfuggita a nessun critico, anche se i giudizi sono stati discordi. Le conferenze riassumono, sul piano teorico, tutte le preoccupazioni e gli interessi di Calvino scrittore, saggista, intellettuale impegnato. Sono ricchissime di richiami eruditi e mostrano la vasta gamma di letture che lo scrittore ligure aveva accumulato nel corso della sua carriera.

Calvino sentiva che le conferenze erano una occasione per ripensare tutta la sua opera alla luce dei cambiamenti profondi avvenuti nel tessuto della società non soltanto italiana ma mondiale. Di qui il sottotitolo veramente pretenzioso: « Sei proposte per il prossimo millennio ». Crediamo, tuttavia, che il sottotitolo non sia esente da una soffusa ironia tipicamente calviniana. Lo scrittore aveva un vivo senso della precarietà di ogni « proposta » che superasse i limiti biologici di una esistenza normale. Che cosa poteva significare leggere « sei proposte » letterarie « per il prossimo millennio » a un uditorio di studenti americani che vivono nell'immediatezza e nel pragmatismo? Era evidentemente una provocazione o, se si preferisce, una scommessa.

Ci pare di poter dire che per Calvino queste *Lezioni* sono, in primo luogo, uno scavo in se stesso, un lento e avvolgente andare a ritroso per cogliere la sua verità di uomo e di narratore, e per individuare nella sua opera ciò che ancora è vivo e denso di futuro.

E si capiscono allora certe abiure, o almeno prese di distanza da alcune sue posizioni iniziali. Nella lezione sulla « Leggerezza » Calvino scrive:

« Quando ho iniziato la mia attività, il dovere di rappresentare il nostro tempo era l'imperativo categorico d'ogni giovane scrittore. Pieno di buona volontà, cercavo di immedesimarmi nell'energia spietata che muove la storia del nostro secolo, nelle sue vicende collettive e individuali. Cercavo di cogliere una sintonia tra il movimentato spettacolo del mondo, ora drammatico ora grottesco, e il ritmo interiore picaresco e avventuroso che mi spingeva a scrivere. Presto mi accorsi che tra i fatti che avrebbero dovuto essere la mia materia prima e l'agilità scattante e tagliente che volevo animasse la mia scrittura c'era un divario che mi costava sempre piú sforzo superare ».

In queste parole c'è la sua insofferenza per quei libri che pure gli hanno dato stima e notorietà, come *Il sentiero dei nidi di ragno* e *Ultimo venne il corvo*. Il peso della realtà cronistica o storica tutta proiettata sul presente opprimeva Calvino, tanto da indurlo a compiere lo scatto e la svolta della *Trilogia degli antenati*. E sarà ancora la coscienza di un presente logoro, senza piú stimoli sociali o morali, ad avviarlo verso le astrazioni fantastiche delle *Cosmicomiche* e delle ultime opere. La fantasia strutturale e « semiologica » prendeva il sopravvento sull'interesse per i « faits divers ».

Il carattere di autodifesa delle *Lezioni* risulta chiaro in un brano in cui parla delle *Città invisibili*. L'accusa di aridità sentimentale che qualche volta si era sentito rivolgere, in toni sia pure elusivi e sfumati, doveva bruciargli molto. *Le città invisibili* sembra un freddo cristallo, bello, ma glaciale, concettoso. Ebbene, lo scrittore ligure esalta la segreta passione che ha animato lo stile e la struttura del libro. Scrive:

« Un simbolo piú complesso, che mi ha dato le maggiori possibilità di esprimere la tensione tra razionalità geometrica e groviglio delle esistenze umane è quello della città. Il mio libro in cui credo di aver detto piú cose resta *Le città invisibili*, perché ho potuto concentrare su un unico simbolo tutte le mie riflessioni, le mie esperienze, le mie congetture; e perché ho costruito una struttura sfaccettata, in cui ogni breve testo sta vicino agli altri in una successione che non implica una consequenzialità o una gerarchia, ma una rete entro la quale si possono tracciare molteplici percorsi e ricavare conclusioni plurime e ramificate ».

Sono questi i momenti piú persuasivi, e anche piú interessanti, delle *Lezioni*. Quando Calvino parla del suo lavoro e delle sue esperienze di scrittore piú che di ideologo della letteratura, la sua prosa diviene sinuosa e concreta. Quando invece fa sfoggio di erudizione, il discorso si infeltrisce, tanto che perfino la lezione sulla « Leggerezza » ha un che di stranamente pesante.

Riproduciamo due brani che secondo noi possono aspirare a essere considerati, con serietà e senza ironia, come « proposte per il prossimo millennio ». Il primo recita:

« Una volta la memoria visiva d'un individuo era limitata al patrimonio delle sue esperienze dirette e a un ridotto repertorio di immagini riflesse dalla cultura; la possibilità di dar forma ai miti personali nasceva dal modo in cui i frammenti di questa memoria si combinavano tra loro in accostamenti inattesi e suggestivi. Oggi siamo bombardati da una tale quantità di immagini da non saper piú distinguere l'esperienza diretta da ciò che abbiamo visto per pochi secondi alla televisione. La memoria è ricoperta da strati di frantumi d'immagini, come un deposito di spazzatura, dove è sempre piú difficile che una figura tra le tante riesca ad acquistare rilievo ». (Nella lezione sulla « Visibilità ».)

Ancora piú incisivo è il secondo brano:

« L'eccessiva ambizione dei propositi può essere rimproverabile in molti campi d'attività, non in letteratura. La letteratura vive solo se si pone degli obiettivi smisurati, anche al di là d'ogni possibilità di realizzazione. Solo se poeti e scrittori si proporranno imprese che nessun altro osa immaginare la letteratura continuerà ad avere una funzione. Da quando la scienza diffida delle spiegazioni generali e delle soluzioni che non siano settoriali e specialistiche, la grande sfida per la letteratura è il saper tessere insieme i diversi saperi e i diversi codici, in una visione plurima, sfaccettata del mondo ». (Lezione sulla « Molteplicità ».)

Sulla fiaba

Sulla fiaba (Einaudi, 1988) contiene tutti gli scritti che Calvino ha dedicato al problema e all'essenza della fiaba, a cominciare dalla famosa introduzione alle *Fiabe italiane* del 1956, da lui stesso tradotte dal vernacolo in italiano. In questo volume sono raccolti i brevi saggi pubblicati in diversi libri di fiabe presso vari editori, sicché il lettore ha sott'occhio l'intera gamma degli atteggiamenti intellettuali e morali di Calvino verso la fiaba, italiana e straniera.

Con il passare del tempo, lo scrittore era diventato un vero specialista, e sapeva cogliere con precisione le varianti di una fiaba nei vari contesti culturali. Sino al

1978, cioè nella tarda maturità, non ha mai smesso di occuparsi di fiabe, trovando in queste la conferma della sua idea di letteratura come invenzione che poggia su una struttura geometrica, la quale a sua volta è antecedente alla storia e si trova all'origine della psicologia collettiva.

Malgrado i successivi aggiustamenti e approfondimenti, resta fondamentale quello che ha scritto nella introduzione alle *Fiabe italiane*:

> «... le fiabe sono vere. Sono, prese tutte insieme, nella loro sempre ripetuta e sempre varia casistica di vicende umane, una spiegazione generale della vita, nata in tempi remoti e serbata nel lento ruminio delle coscienze contadine fino a noi; sono il catalogo dei destini che possono darsi a un uomo e a una donna, soprattutto per la parte di vita che è appunto il farsi d'un destino: la giovinezza, dalla nascita che sovente porta in sé un auspicio o una condanna, al distacco dalla casa, alle prove per diventare adulto e poi maturo, per confermarsi come essere umano».

E Mario Lavagetto, nella introduzione a *Sulla fiaba*, ribadisce con altre parole il concetto di Calvino: «C'è fin da allora a sostenere la scrittura, la convinzione che l'universo antropologico, di cui la fiaba reca testimonianza, sia retto da una razionalità implicita, ma rigorosa: razionalità di trama e di costruzione come di linguaggio, e razionalità anche nell'esercizio di quell'incantesimo sul tempo che è proprio di ogni arte narrativa. La cristallinità povera della fiaba costituisce un esempio e un modello di libertà inventiva, tanto più forte e affascinante per Calvino quanto più consapevole dei propri limiti e delle condizioni che la rendono concretamente possibile...».

Ci andiamo sempre piú convincendo, anche alla luce dei suoi ultimi scritti saggistici e narrativi, che in Calvino agiva una sorta di preoccupazione didattica. C'era in lui un maestro segreto, che conferiva ai temi e soprattutto agli schemi dei suoi racconti e dei suoi romanzi uno spessore gnomico, un palpitante sottinteso pedagogico. Naturalmente, nulla doveva essere precostituito, nulla doveva adombrare il ben che minimo sospetto di tesi. La fantasia veniva prima di ogni altro elemento del racconto. Solo che la fantasia, senza una razionale morale interna, gli sembrava uno spreco di energie. La rigidità ontologica della fiaba lo soccorreva, paradossalmente, nei momenti in cui la tumultuosa ricchezza della realtà sembrava scappargli da tutte le parti, come in *Se una notte d'inverno un viaggiatore*.

Insegnare a coltivare la fantasia, fondare una pedagogia della fantasia in perenne trasformazione e rinnovamento, stimolare a un uso etico della fantasia: questi erano i motivi conduttori della sua narrativa. Lo erano stati nella primissima giovinezza. Lo erano anche mentre seguiva perplesso le perplessità cognitive di Palomar.

CALVINO E I RAGAZZI

In un breve ma importantissimo articolo-confessione apparso su una rivista purtroppo poco diffusa, e ora addirittura estinta (« Rendiconti », n. 22-23, aprile 1971), Italo Calvino scriveva:

> « L'esperienza di letture scolastiche di cui posso riferire riguarda il mio libro *Marcovaldo*, che è stato adottato in parecchie scuole medie. Ricevo ogni tanto lettere di insegnanti o di scolaresche che mi inviano serie di componimenti e disegni, giornalini scolastici con critiche e commenti al

mio libro. Ci sono insegnanti che fanno inventare ai ragazzi nuove storielle di Marcovaldo seguendo la struttura e lo spirito del volume. Ho cominciato solo di recente a radunare il materiale che ho ricevuto e ne ho sottomano solo una piccola parte. Le prime conclusioni che se ne possono trarre è che dove l'insegnante impiega questo libro per risvegliare una coscienza "sociologica" facendo riflettere i ragazzi sulle loro impressioni di vita cittadina, i risultati sono molto buoni. La pubblicità (uno dei temi ricorrenti nel libro), il supermarket sono i temi piú trattati ».

Conviene, per ora, soffermarci qui, e tirare qualche conclusione. I ragazzi amano la narrativa di Calvino, almeno a scuola, attraverso il suo personaggio Marcovaldo. Amare è il verbo giusto, poiché i ragazzi si interessano passionalmente alle avventure di Marcovaldo non solo perché lo dicono gli insegnanti o lo stesso Calvino ma perché effettivamente cosí accade, come abbiamo potuto verificare di persona in una sia pur rapida e sommaria inchiesta tra gli alunni delle medie inferiori.

Stabilito questo punto, c'è da porsi qualche interrogativo. La pubblicità e il supermarket sono i temi piú trattati, ci dice Calvino. Ma da chi sono piú trattati: dagli insegnanti o dagli scolari? A ripercorrere bene il testo di Calvino, sembrerebbe che i temi della pubblicità e del supermarket siano i piú trattati in quanto gli insegnanti, dotati evidentemente di sensibilità non solo sociologica ma anche politica ed ideologica, inducano i propri alunni a riflettere su tali temi, perché ne traggano impressioni concrete sulla vita di tutti i giorni, dominata dal sistema capitalistico del profitto. E in effetti, il linguaggio della pubblicità (immagini, parole, colori, ecc.) si può definire come la quintessenza del

« linguaggio » capitalistico, il quale parla una sola lingua, o meglio emette un solo messaggio: « comprate e siate felici ».

Succede, al contrario, che l'acquistare e accumulare cose non porta per nulla la felicità promessa, bensí un surrogato della felicità, e in molti casi angoscia, frustrazione, insoddisfazione, senso di smarrimento, perdita della propria identità. Come si può facilmente capire, riflettere sulla pubblicità significa riflettere su come è composta la società. Dalla pubblicità si arriva presto al discorso politico. E lo stesso vale per quanto riguarda il tema del supermarket.

È naturale, quindi, che gli insegnanti che hanno una viva sensibilità per i problemi sociali, siano inclini a leggere e a far leggere *Marcovaldo* da un punto di vista estremamente interessante, ma secondo noi parziale. Con questo non si vuole assolutamente affermare che i bambini siano dei soggetti passivi, in balía delle suggestioni pilotate dagli insegnanti. Quello che ci preme sottolineare è il ruolo preminente dell'insegnante nell'orientare l'alunno verso un tipo di interpretazione. Sempre nell'articolo citato, Calvino riporta il brano di una lettera di un bambino: « Marcovaldo – scrive questo bambino anonimo – è una figura molto dolorosa. È forse l'unico che deve privarsi del piacere delle compere, che nel mondo moderno ci fa sentire tutti uguali, dandoci l'illusione del benessere ».

L'interpretazione sintetica fatta da questo bambino anonimo pare dare pienamente ragione a ciò che si proponeva Calvino nel momento in cui scriveva *Marcovaldo*:

« Il mio ideale pedagogico, quando pubblicai come libro per l'infanzia queste storielle (che avevo cominciato a scrivere nel 1952 per la terza pagina dell'"Unità" di Torino) era quell'*educazione al pessimismo* che è il vero senso che si può ricavare dai grandi umoristi, ma la mia principale incertezza era se questa serie di delusioni, scacchi, frustrazioni, sconfitte del protagonista non sarebbe per i ragazzi risultata troppo deprimente. Oggi posso dire che i ragazzi in genere avvertono la linea di demarcazione tra comicità e tristezza anche dove è appena accennata, con la tendenza a mettere l'accento sulle note tristi ».

Sembra dunque che l'*educazione al pessimismo*, come proposta implicita nella lettura, abbia raggiunto il suo scopo. Sarà opportuno chiarire, anche alla luce di quanto finora abbiamo detto sulla narrativa calviniana, il concetto di pessimismo. Intanto non è un concetto né uno stato d'animo che possano essere assimilati alla filosofia del « tramonto dell'Occidente », e neanche alla filosofia del nichilismo, con tutte le sue derivazioni, non ultima quella che intride i regimi dittatoriali o semplicemente conservatori. Il pessimismo di Calvino, al contrario, mira a scuotere il torpore delle intelligenze e dei sentimenti che si cristallizzano sui dati di fatto, che cioè non riescono a immaginare e progettare un mondo diverso, piú giusto e razionale.

Per spiegarci con altri termini, il pessimismo di Calvino è figlio della società borghese (non potrebbe non esserlo) ma contemporaneamente è un detonatore di idee che tendono a capovolgere e a ribaltare le aride certezze del borghese. Nel suo pessimismo c'è sempre una violenta tensione verso i tre ideali propugnati dalla Rivoluzione Francese: libertà, uguaglianza, fraternità. Ma non bisogna dimenticare neppure per un istante che Calvino è un narratore, non un filosofo, e tanto meno un propagandista politico. I suoi tre ideali (che del resto sono propri di ogni scrittore degno del nome) si trovano inseriti in sequenze narrative in modo implicito, non dichiarato. Le disavventure di Marcovaldo hanno l'arioso ritmo della fantasia, si seguono con interesse, con passione, con profonda partecipazione, senza che alcuno si chieda mai se il personaggio possegga un preciso ideale da comunicare. Soltanto a libro chiuso, quando all'abbandono subentra la riflessione, quelle disavventure si possono indagare e interpretare con gli strumenti della ragione e della cultura. A questo punto scatta la molla del pessimismo creativo, del pessimismo che vuole diventare ottimismo rimuovendo le cause che rendono Marcovaldo cosí patetico e cosí infelice.

Se ci siamo soffermati tanto su *Marcovaldo* è perché il libro è stato adottato in moltissime scuole. Ci permettiamo di segnalare una preoccupante mancanza di immaginazione e di iniziativa da parte delle autorità scolastiche. È troppo facile adottare *Marcovaldo*, scritto espressamente per i giovani e i giovanissimi. Le cose diventano già piú complicate con *I nostri antenati*, la cui lettura è scorrevole e appagante, ma l'interpretazione richiede una certa conoscenza dei romanzi cavallereschi, del Medio Evo e del secolo dei Lumi.

Tuttavia il vero problema del rapporto tra la narrativa di Calvino e i lettori giovani sconfina dalla scuola (per poi, chiaramente, ritornarci). Calvino è uno dei pochi, pochissimi scrittori italiani contemporanei che offra godimento letterario sia ai giovani sia agli adulti. La ragione l'abbiamo implicitamente spiegata nella sezione intitolata *Temi e motivi*. Non sarà male tornarci sopra, sia pure di scorcio, schematizzando al massimo. Ogni romanzo, ogni racconto, ogni novella è un'avventura della mente, la quale rispecchia, in modo traslato, l'avventura dell'esistenza. Nella narrativa di Calvino, c'è sempre, diremmo in modo programmatico, l'elemento avventuroso. Se si aggiunge all'elemento avventuroso l'elemento fantastico e favoloso (e talora favolistico) avremo quella miscela tipica che si trova negli scrittori amati sia dai ragazzi sia dagli adulti (ad esempio: Swift, Stevenson, Jack London, certi racconti di Buzzati, certe storie di Conrad, ecc.).

Ma ciò che rende Calvino particolarmente adatto ai ragazzi è la quasi totale assenza, nella sua narrativa, di scene violente ed erotiche. In Calvino la violenza è sempre ammorbidita in una specie di bagno vaporoso e colorato (e sono i vaghi colori della favola). Quanto alle scene erotiche, si direbbe che Calvino ne abbia una invincibile repulsa. (Per questo, auspicavamo un'interpretazione psicoanalitica del sottofondo del suo universo poetico). A chi gli rimproverava che nei *Promessi sposi* il sesso era appena appena accennato, il Manzoni rispondeva che ce n'era già troppo nella vita. La stessa risposta potrebbe dare Calvino, ammesso che qualcuno gli rimproverasse di non trattare i problemi sessuali. (In effetti li tratta, ma in maniera reticente, metaforica.)

Secondo noi, sono queste le ragioni del successo di Calvino presso i giovani. Ma quali giovani? Il tempo passa, i costumi si modificano e si evolvono. La psicologia e le esperienze dei giovani di oggi sono enormemente diverse da quelle di dieci anni fa. Può darsi, quindi, che l'affabilità e la pulizia della prosa di Calvino siano considerate limitative, o addirittura evasive. E allora occorre alzare il tiro, cioè non solo leggere *Marcovaldo* e *I nostri antenati*, ma *La speculazione edilizia*, *La giornata di uno scrutatore*, fino alle *Cosmicomiche* e a *Se una notte d'inverno un viaggiatore*. Questo ci permettiamo di suggerire alle autorità scolastiche e agli insegnanti.

Per concludere, e con la convinzione di offrire materiale di riflessione, riportiamo pari pari le risposte di alcuni ragazzi milanesi sulla narrativa di Calvino. (Le risposte sono apparse sulla pagina milanese della « Repubblica » del 27 dicembre 1979, a cura di Francesco Buccheri e Sergio Parini.)

« I suoi romanzi sono i piú originali. Conosce ogni sfumatura della realtà, ma ne parla addolcendola con sottile ironia » (Susanna Francalanci, 18 anni, liceo classico Berchet).

« Calvino è il mio autore preferito sia per gli ambienti in cui sviluppa i suoi racconti sia per la struttura narrativa. I suoi romanzi devono essere letti piú volte per la loro difficoltà, anche se riescono ad attrarre fin dalle prime pagine » (Stefano Gariboldi, 18 anni, liceo Berchet).

« Mi piace il suo senso del fantastico e il suo modo di scrivere, semplice e scorrevole » (Olga Madruzza, 14 anni, liceo artistico Tinelli).

« Ho letto quasi tutto ciò che ha scritto. Mi piace molto, oltre che per la chiarezza dello stile, perché racconta cose fantastiche, irreali » (Rosalba Capozzo, 15 anni, liceo artistico Tinelli).

« Conosco i racconti di Calvino. Non è che mi piaccia molto, forse perché non ho esattamente compreso i suoi ideali » (Elisabetta Parravicini, 18 anni, istituto tecnico Molinari).

« Mi affascina il suo stile, ma non posso accettare il modo con cui affronta i problemi della vita » (Vincenzo Cotticelli, 18 anni, istituto tecnico Molinari).

« Ho letto *Il visconte dimezzato* e *Il barone rampante*. Mi piace moltissimo il fantastico e la morale, sempre presente, del buono che vince. Apprezzo Calvino perché è "un fuori di testa" come me. Nelle sue storie l'uomo, per quanto si dia da fare, non è mai completo, perfetto » (Paola Rondine, 14 anni, liceo artistico Tinelli).

« Le sue storie sono solo fiabette prive di contenuti » (Juri Toffetti, 17 anni, istituto tecnico Molinari).

III

TEMI E MOTIVI

Violenza e trauma

Per cominciare a conoscere la tematica delle opere di Calvino ci sembra opportuno partire da due citazioni, lontane tra di loro nel tempo e nello spazio. La prima è di D'Alembert, uno dei filosofi dell'Illuminismo e collaboratore della famosa Enciclopedia; l'altra è di un altro filosofo, ma di questo secolo, Edmund Husserl, il fondatore della fenomenologia.

Scriveva dunque D'Alembert: « A noi non basta vivere coi nostri contemporanei e dominarli. Sotto lo stimolo della curiosità e dell'amor proprio, spinti da una naturale avidità ad abbracciare ad un tempo il presente, il passato e il futuro, desideriamo pure sopravvivere presso i posteri e vivere con i nostri predecessori. Ecco l'origine della ricerca storica, che ci unisce ai secoli passati mostrandoci i loro vizi e virtú, le loro conoscenze e i loro errori, e tramanda i nostri ai secoli futuri. Essa insegna a stimare gli uomini soltanto per il bene che fanno, non per la pompa che li circonda ».[1]
Se pure non particolarmente perspicuo, questo brano

---

[1] D'Alembert-Diderot, *La filosofia dell'Enciclopedia*, trad. di P. Casini, Bari, Laterza, 1966.

ci sembra indicare la fiducia nell'idea di progresso caratteristica del secolo dei Lumi.

Quasi due secoli piú tardi, e precisamente nel 1929, pochi anni dopo la morte di Kafka, un filosofo compatriota dello scrittore praghese e israelita d'origine come lui, insomma Edmund Husserl, iniziava una delle sue opere piú importanti, la *Logica formale e trascendentale*, con le seguenti considerazioni: « La situazione attuale delle scienze europee impegna a prendere radicalmente coscienza di alcuni fatti. Le scienze hanno, in fondo, perduto la grande fede in se stesse e nel loro significato assoluto. L'uomo moderno di oggi non vede, come l'uomo "moderno" del secolo dei Lumi, nella scienza e nella nuova cultura plasmata dalla scienza, l'obbiettivarsi della ragione o la funzione universale che l'umanità s'è cercata per rendersi possibile una vita di cui possa essere pienamente soddisfatta: una vita, cioè, sia individuale che sociale, la quale sia dettata dalla ragione pratica. Questa grande credenza – che sostituí le credenze religiose – che la scienza conduce alla saggezza, a una conoscenza di sé, a una conoscenza del mondo e a una conoscenza di Dio veramente razionali, e quindi a una vita fondata sulla felicità, sulla soddisfazione e sul benessere, vita che, sebbene rimanga da plasmare in modo sempre piú perfetto, è veramente degna di essere vissuta, tale credenza, dico, ha perduto la sua forza in larghe cerchie di persone. Si vive quindi in un mondo diventato incomprensibile, un mondo nel quale ci si pone invano la domanda: "a che pro?", un mondo di cui si cerca invano il senso una volta cosí indubitabile, giacché era conosciuto, sia dall'intelletto che dalla volontà ». (Cit. da Nicola Chiaromonte, *Credere e non credere*, Milano, Bompiani, 1971.)

Per non dare l'impressione di iniziare l'esame dei temi di Calvino partendo magari da Adamo ed Eva (idea, tra l'altro, niente affatto peregrina, considerati gli ultimi approdi dello scrittore ligure – ci riferiamo alle *Cosmicomiche* e a *Ti con zero* –) aggiungiamo un'altra citazione, stavolta di Calvino stesso, estrapolata dall'ormai famosa prefazione alla seconda ristampa del *Sentiero dei nidi di ragno*:

> « Ero stato, prima di andare coi giovani partigiani, un giovane borghese sempre vissuto in famiglia; il mio tranquillo antifascismo era prima di tutto opposizione al culto della forza guerresca, una questione di stile, di "sense of humour", e tutt'a un tratto la coerenza con le mie opinioni mi portava in mezzo alla violenza, a misurarmi su quel metro. Fu un trauma, il primo... ».

L'idea di un progresso ragionevole, ossia governato dalla ragione, inculcataglidall'educazione familiare, forse in modo indiretto e tuttavia tangibile come l'aria che si respira, si scontra subito, nell'animo e nella psicologia di Calvino, con il caos della guerra, il sangue e le lacrime di cui parla Pavese.

È un trauma individuale, ma tutto ciò che accade nell'individuo ha il suo corrispettivo nel mondo esteriore, nei concreti rapporti sociali. Il dramma è insomma anche culturale nell'accezione piú ampia possibile. La borghesia, figlia dell'Illuminismo, fautrice di un razionalismo a oltranza, finisce nelle fauci dell'irrazionalismo nazifascista. E le parole di Husserl anzi si devono leggere come un'anticipazione della crisi che aveva investito e investirà ancora piú crudamente tutta la cultura occidentale, e non solo questa.

Non si vuole fare l'apologia degli intellettuali affermando che sono proprio costoro che recepiscono in anticipo la tragedia e cercano di porvi riparo, sebbene a livello teorico. Il trauma di Calvino è quindi duplice: anzitutto vede crollare intorno a sé il tranquillo mondo borghese con tutti i suoi valori; poi si vede scaraventato, o meglio, sceglie di entrare nell'universo irrazionale della violenza per combatterla con le sue stesse armi, sul suo stesso terreno. Il ragazzo che aborriva la violenza è costretto a diventare violento, o se vogliamo usare un'espressione piú sfumata, forse piú vera, a sostenere « i violenti per la libertà ».

È un paradosso drammatico. Ma è interessante vedere come reagisce Calvino, da uomo di cultura e di lettere: vive la vita della Resistenza perché sente che cosí è giusto, è necessario, è umano: vede intorno a sé formarsi una solidarietà primitiva, allo stato brado, ma schietta, senza maschere e camuffamenti borghesi. È un'esperienza esaltante, di chi sa di « fare » la storia, sia pure da subalterno. Nella Resistenza si forma la coscienza, forse oscura ma piena, della libertà. Ma il problema per lo scrittore Calvino non è qui. In quanto scrittore, il problema sorge « dopo ».

Tutti avevano da raccontare una storia interessante, dal piú umile contadino della Sicilia, al piú evoluto operaio del nord, senza contare coloro che avevano partecipato alla Resistenza da protagonisti:

« La rinata libertà di parlare – prosegue ancora Calvino – fu per la gente al principio smania di raccontare: nei treni che riprendevano a funzionare gremiti di persone e pacchi di farina e bidoni d'olio, ogni passeggero raccontava agli sconosciuti le vicissitudini che gli erano occorse, e cosí ogni avventore alle tavole delle "mense del popolo", ogni donna nelle code ai negozi; il grigiore delle vite quotidiane sembrava cosa d'altre epoche; ci muovevamo in un multicolore universo di storie ».

Per non cadere nel mare magnum del patetico collettivo, Calvino se ne distanzia: mette tra sé e la realtà la sua già acuta coscienza di scrittore. Sa bene, o almeno sente, magari in modo del tutto inconscio, che tra il mondo e l'arte c'è una frattura, c'è un'organizzazione di parole che formano un ordine estetico. È la miseria della letteratura, ma anche la sua grandezza, e soprattutto è l'unico compito che le compete e che può risolvere senza avere la pretesa né di copiare la realtà, operazione completamente inutile, né tanto meno di dare una risposta ai problemi pratici che solo i politici di professione possono risolvere.

Non è che la letteratura viva in un regno atemporale: semplicemente è diversa dalla realtà perché non è legata alla storia contingente, e se usa il linguaggio di questa storia si trasforma in demagogia o in ricalco inerte. In polemica con il neorealismo Calvino scriverà piú tardi nel saggio *Il midollo del leone*, in cui tenta di fare un bilancio anche di se stesso:

> « Si perpetua in queste ambigue operazioni creative e critiche l'antitesi tra i due termini: coscienza intellettuale e mondo popolare, e qui piú che mai la coscienza intellettuale si piega verso il mondo popolare come a un qualcosa di contrapposto ed estraneo, proprio nell'accettarlo come un suggestivo spettacolo, nel compiacersi delle sue tinte aspre e mosse e nel ricercarne le nascoste finezze ».

La segreta aspirazione di Calvino, nello scrivere il *Sentiero dei nidi di ragno*, è di « cancellare » se stesso, di non sovrapporre cioè il suo « io-lirico-intellettuale », con tutto il carico di cultura che questa definizione comporta, all'io collettivo. Insomma, per non cadere nell'autobiografismo patetico, né nel documento, Calvino si fa narratore anonimo. Il *Sentiero dei nidi di ragno* ha, nonostante i fatti storici raccontati, il tono e la struttura di una favola. L'ideologia c'è, la volontà di comunicare la grande esperienza della guerra civile c'è, ma è come assorbita dall'impianto favolistico. Tanto è vero che il capitolo nono, quello delle riflessioni politiche del commissario Kim, stride con tutto il resto, « quasi una prefazione inserita nel mezzo del romanzo ». Questo accade anche, per fare un esempio non lontano da Calvino, in *Conversazione in Sicilia*, il capolavoro di Elio Vittorini, dove alla rappresentazione, eloquentissima di per sé, l'autore aggiunge la sua poetica esplicitandola.

Il capitolo nono, che anche il narratore ligure riconoscerà per quello che è, se rompe l'unità stilistica dell'intera opera, è tuttavia necessario per non far scivolare il *Sentiero dei nidi di ragno* verso la china pericolosa di un racconto qualunquistico, atto ad appagare soltanto i detrattori della Resistenza. È il tributo che Calvino paga all'impegno civile, non puramente letterario, dell'intellettualità italiana di allora, le cui forze migliori erano schierate ovviamente a sinistra. Ma al tempo stesso rimane saldo il suo principio di non mitizzare la Resistenza, di non idoleggiarla, di non strumentalizzarla. La Resistenza è stata fatta da autentici eroi, con tetragoni ideali marxisti, ma anche da gente che non aveva alcuna idea politica, se non quella che si estrinsecava dalla necessità istintiva di sentirsi libera. Questo è il messaggio di Calvino, che perciò vive ed è valido oltre i confini storici e nazionali, nascendo da un ideale universale dell'umanità. E l'umanità non è fatta di « buoni » e di « cattivi » divisi da uno steccato: questo concetto dà luogo al razzismo, o al razzismo dell'antirazzismo. L'umanità è un miscuglio di bene e di male, come il ragazzo Pin dai commerci un poco turpi col mondo della malavita e soprattutto con la sorella peripatetica, ma anche capace di abbandoni e di « pietas » e perfino di eroismi.

In nome dell'uomo

Un uomo tutto buono equivale a un uomo tutto cattivo: la virtú soddisfatta di sé, che si circonda di barriere per rimanere pura, provoca forse piú danni della malvagità allo stato istintuale. Cosí nel *Visconte dimezzato* tanto la parte buona di Medardo che la sua parte cattiva non riescono a capire tutta la miseria del mondo, la sua complessità storica ed etica, perché sono incomplete. Certo, essere dimezzati porta dei vantaggi: si crede ciecamente a quello che si fa. Ciecamente ma non dialetticamente. Ecco perché, tra l'altro, l'eroe positivo propugnato dal realismo socialista irrita Calvino. L'eroe positivo sarà magari utile tatticamente, per propagandare un messaggio politico, ma alla lunga la sua positività non potrà che congelarsi in burocrazia narrativa, proprio per l'incapacità di mettersi di fronte all'eroe negativo con l'intelligenza di chi vuol capirlo prima di colpirlo. L'eroe positivo diventa un eroe burocratico, *sic et simpliciter*. A noi sembra che uno dei temi, o dei motivi ricorrenti nell'opera di Calvino sia proprio quello di fare « attrito » col male del mondo, addirittura di esaltarlo per poi annichilirlo attraverso un processo dialettico. Il male esiste, perché nasconderlo, o fingere di ignorarlo?

Calvino conosce la tentazione di Maldoror, il protagonista dei *Canti* di Lautréamont: ha anche lui forse la tentazione di cedere al « mare della malvagità », di affogare in esso tra improperi e bestemmie indicibili, e di provare in questa sorta di annichilimento una sublime voluttà.

Ma Calvino sa anche che il romanticismo, questa specie di romanticismo, è in fin dei conti un comodo rifugio in cieli metafisici nonostante scaturisca da un grido terrestre di disperazione e di angoscia suprema. Perché manca il contatto doloroso con la realtà corposa degli uomini in carne e ossa, con la loro storia fatta di giorni.

La carica etica, prima ancora che fantastica, di Calvino sta in questo volere a tutti i costi « contattare » gli uomini, rimanere con loro, coi piedi ben piantati per terra, su questa Terra, che è l'unico posto (finora) in cui possiamo creare il nostro destino, con le nostre mani, con la nostra volontà, con la nostra intelligenza.

In questa fiducia (o possiamo anche chiamarla con Pietro Citati « stoicismo ») risiede anche la radice illuministica di Calvino uomo e narratore. Se *Il sentiero dei nidi di ragno* mette in campo, cioè sulla pagina, una subumanità, è perché la Resistenza ha dovuto fare i conti anche con questi uomini che combattevano in un determinato periodo storico, per la libertà, o per una società « illuminata ». Alcuni di loro si sono rivelati per dei traditori, e con questo? Erano pur sempre uomini, pur sempre fatti della stessa pasta dell'umanità. E perfino i nazisti erano uomini, come aveva cercato di dire, con cauti suggerimenti (dato il clima di allora) Elio Vittorini nel romanzo *Uomini e no* (1945).

L'importante è che da una condizione di subumanità o di non-umanità si pervenga, mediante un itinerario interiore ed esteriore di incontri-scontri con le cose, gli eventi di tutti i giorni, alla coscienza di come deve essere un uomo degno di questo nome.

La poetica della menomazione

Lo schema della favola serve egregiamente a Calvino per rappresentare senza retorica questo sviluppo dall'incoscienza e dall'istinto alla coscienza e alla intelligenza. Potrà sembrare, ancora una volta, un'affermazione paradossale. Di primo acchito, infatti, la favola appare il genere più alieno ad affrontare una problematica di tale portata. Ma si osservi meglio come funziona una favola, e si vedrà che il paradosso non esiste.

Secondo le originalissime ipotesi del grande etnologo russo Vladimir J. Propp, tutte le favole del mondo si assomigliano, o meglio esse hanno lo stesso schema di base che consiste, per semplificare al massimo, in questa sequenza narrativa: l'eroe deve superare un ostacolo o una serie di ostacoli; combattimento dell'eroe contro gli ostacoli; vittoria dell'eroe. Ad esempio la sequenza Cappuccetto Rosso-lupo-morte del lupo, risponde a questo schema. Propp avanza anche l'ipotesi che tutte le favole, di conseguenza, nascono da un'unica favola, raccontata forse dai primi uomini apparsi sulla terra. Cambiano i nomi e gli attributi dei personaggi (il re, l'orco, i vecchi cattivi, ecc.) ma non le azioni che seguono una identica logica ferrea.

La favola è, dunque, non solo il primo germe della proliferazione narrativa in romanzi epici, cavallereschi, borghesi, ma anche il serbatoio primigenio della saggezza umana. E questa saggezza consiste nel farsi uomo attraverso i pericoli, affrontandoli, combattendoli ad occhi aperti. È chiaro che il romanzo, e la narrativa in generale, si distingue dalla favola perché mentre quella offre sempre una morale positiva (il « lieto fine » dell'eroe), il romanzo può anche, se non sempre, offrire una immagine negativa della realtà: ad esempio Madame Bovary muore. Ma il nocciolo della favola rimane.

Calvino, dapprincipio in modo del tutto inconscio, poi prendendone chiaramente coscienza, si è giovato del semplice ma « miracoloso » schema della favola per introdurvi, a seconda dell'estro e dei temi che gli urgevano dentro, motivi realistici, sociali, politici, ideologici e infine etici.

L'uomo di Calvino, o piú precisamente l'uomo che nasce da tutta l'opera narrativa dello scrittore, ha in sé la saggezza dell'eroe della favola e la problematicità inquieta e ricca di tensione del personaggio contemporaneo. Da qui una serie di conseguenze che si riverberano nei suoi racconti e nei suoi romanzi brevi, che formano insomma il suo universo poetico. Cosí *Il visconte dimezzato* è una favola cavalleresca, ma anche l'espressione dell'uomo moderno dilacerato dalla divisione del lavoro nella società capitalistica e dalla fatale menomazione della sua umanità. Ciò spiega anche la ragione per cui nel sorriso ironico di Calvino s'insinua una smorfia atroce, una sorta di ribrezzo per quanto gli tocca di vedere e rappresentare.

Questa « poetica della menomazione » è presente in maniera macroscopica nel *Visconte dimezzato*, ma è altresí presente in quasi tutto quello che ha scritto Calvino, anche là dove la sua penna non ha colpito il bersaglio. Si ricordi la frase di Husserl, là dove dice che ormai si vive in un mondo incomprensibile, un mondo nel quale ci si pone invano la domanda: « a che pro? ». È l'interrogativo che travaglia per tutta la durata del romanzo Amerigo Ormea, il protagonista della *Giornata d'uno scrutatore*. L'umanità, quella specie di umanità che gli si presenta allo sguardo, sollecita i massimi interrogativi che l'uomo può porsi sul male di vivere e sul significato dell'esistenza. A che pro vivere dato che l'esistenza, o almeno una parte di essa, è condannata fin dalla nascita? Il mondo è opera di un Dio o di un demonio? O di un unico Ente che è insieme Dio e demonio e che si diverte a cambiare faccia e morale a seconda delle circostanze, come un prestigiatore?

Sono, come ciascuno avrà capito, gli stessi angosciati interrogativi di Giobbe; ed è proprio in questo romanzo che l'areligiosità di Calvino fa i conti anche, forse per la prima volta, con gli insolubili problemi metafisici. Ma la chiusa della *Giornata d'uno scrutatore* è tuttavia laico-utopistica:

> « Anche l'ultima città dell'imperfezione ha la sua ora perfetta, pensò lo scrutatore, l'ora, l'attimo, in cui in ogni città c'è la Città ».

Questa « Città » richiama alla memoria la famosa *Città del Sole* di Tommaso Campanella, una città utopistica governata dalla Potestà, dalla Sapienza e dall'Amore, il quale ultimo, si badi bene, è preposto all'educazione delle generazioni.

Dunque anche nell'infinito pessimismo del Cottolengo entra, o può entrare l'amore, come di fatto avviene nell'episodio memorabile del padre che passa le mandorle al figlio « mostro ». Ma *La giornata d'uno scrutatore* è anche il libro dove l'« ottimismo della volontà » che è in Calvino subisce una smentita troppo clamorosa per essere fronteggiata con le armi della razionalità; e ne è spia proprio il finale con quel richiamo vago alla Città, in cui magari ci sarà un'ora perfetta, ma le altre ventitré sono tutte imperfette. E anche dal lato statistico, un'ora al giorno di felicità o di perfezione è irrilevante di fronte al tempo che racchiude un'intera giornata. E poi, per citare una celebre frase di Bertolt Brecht, « se un solo uomo non è libero, nessun uomo è libero ».

Malgrado ciò, l'ostinazione che Calvino mette nel perseguire il progetto di costruzione di un'umanità integra, libera e infine felice, in cui l'uomo, la natura e la storia costituiscano gli elementi di una composizione, per così dire, geometricamente armoniosa, questa ostinazione rimane in lui intatta, in quanto la sua fiducia nell'Illuminismo, o nel progetto filosofico implicito ed esplicito nello spirito dell'Enciclopedia, non viene mai meno.

Legittimo è chiedersi, a questo punto, come possano conciliarsi le idee illuministiche, razionalistiche con l'impianto della favola, che sembra seguire i sentieri della fantasticheria, del sogno, del capriccio e dell'arbitrio. Ma se si ricorda quanto abbiamo detto intorno allo schema della favola, ci si accorgerà che non c'è nessuna contraddizione. Lo schema di base della favola è geometrico, la sua morale è razionale, o se vogliamo pedagogica (il trionfo del bene sul male). La favola, in definitiva, insegna agli uomini come diventare uomini e indica loro i pericoli che devono vincere per non cadere preda degli istinti animaleschi. Se l'eroe delle favole è sempre un bambino o una bambina, è perché la favola ha questa funzione pedagogica, di portare cioè alla maturità l'eroe con consapevolezza, dopo avergli fatto attraversare tutta la malvagità e la bontà del mondo. Perciò la favola è tutt'altro che un genere evasivo, come sovente si è portati a credere. È ovvio che c'è favola e favola, e che soltanto quella che piú si avvicina all'origine, al mito originario dell'uomo, è in grado di svolgere, senza mistificazioni, questa funzione.

Non a caso gli eroi di Calvino sono in gran parte fanciulli, o uomini-fanciulli. Anzi lo scatto iniziale di ogni sua opera narrativa scaturisce da un'immagine di fanciullo, un'immagine aurorale, come una nube all'orizzonte che a poco a poco assume un profilo umano. Da questo momento egli guida il suo uomo-fanciullo attraverso la realtà, perché si scontri con essa, faccia attrito con essa, penetri in essa fino a possederla ed esserne posseduto. Cosí accade, per esempio, nella *Speculazione edilizia* in cui il fanciullo-uomo-intellettuale Quinto Anfossi entra lentamente nell'orbita dell'imprenditore Caisotti, costruttore di case brutte, fabbricatore di intrighi e di intrallazzi, ma pur sempre uomo, e per di piú caratteristico del proprio tempo.

Non c'è quindi alcuna soluzione di continuità tra il primo e l'ultimo Calvino.

Si pensi ai racconti *Il giardino incantato* e *Un bel gioco dura poco* in cui la felicità dei fanciulli intenti ai loro giochi si scontra subito con la dura realtà della vita. In questi casi, è ovvio, la situazione è tutto e la soluzione non è che un breve giro di frase. Non potrebbe essere altrimenti, dato che i personaggi non possono attingere l'autocoscienza, essendo appunto dei fanciulli. La complessità tematica del racconto può essere affrontata in tutte le sue implicazioni quando i protagonisti sono degli adulti, come succede nella *Nuvola di smog* o nella *Formica argentina* (qui, in verità, un po' meno, dato il grado di « cultura » dei protagonisti che appartengono al sottoproletariato).

La scelta degli eroi-fanciulli da parte di Calvino non deriva tuttavia soltanto da quanto abbiamo cercato di spiegare piú sopra. È noto che le prime esperienze, quelle che vanno dalla pubertà alle soglie dell'adolescenza, sono decisive nella formazione dell'uomo. Ebbene, in questa età, noi vediamo un fanciullo chiamato incidentalmente Italo Calvino, davanti al mare di Sanremo o immerso nell'orto botanico del padre, o fuggitivo per gli innumerevoli sentieri dei monti boschivi. Nel felice, pieno contatto del fanciullo con la natura, nessun pensiero speculativo turba le sue immagini. La natura e il fanciullo sembrano fatti della stessa materia. Il fanciullo è albero, è alga, è pesce, è lepre, è aria, sole, pioggia. Tra sé e il mondo che lo circonda non esiste alcun diaframma: i nomi delle cose sembrano i nomi che la natura ha dato a se stessa. È l'età magica perché in effetti nel fanciullo rivive l'epoca magica dell'umanità, quando quella che noi siamo abituati a chiamare storia non c'era ancora: al suo posto c'era la ripetizione dei gesti, delle parole, dei riti e le grandi feste della vita e della morte; e tutto aveva un senso proprio perché non ci si chiedeva che « senso » avesse il tutto. L'ordine della natura (un ordine fatto anche di caos) era accettato quasi fisiologicamente, e la felicità scaturiva da questa immemore, rapita accettazione.

Ma il fanciullo chiamato per ventura Italo Calvino cresce, legge nei libri del sapere, e si accorge che l'ordine e la felicità non sono che un inganno, e che la presunta innocenza della natura non è che il prolungamento immaginario dell'innocenza del fanciullo.

A questo punto, il pensiero che potremmo chiamare anche « vegetativo », oltre che magico, si stacca dall'oggetto delle sue immagini, le contempla a distanza, vede che la realtà è piena di rughe, di fatica, di sangue, di orme umane che calpestano i sentieri dei nidi di ragno, di uomini che uccidono e che sono uccisi.

La scoperta del male ottenebra la visione incantata, confonde il pensiero, lo rende sofferente.

Ormai non si può piú regredire nell'Eden terrestre; anzi il pensiero deve compiere il massimo sforzo per dominare il nuovo mondo storico-sociale.

La regressione strategica

Tuttavia la nostalgia dell'Eden permane, pullula come un'acqua viva e limpida nell'inconscio o nella memoria. Questa nostalgia ha una forma, fatta di ritmo, di immagini, di episodi concatenati l'uno all'altro, sino a creare il disegno psichico della felicità perduta.

Felicità perduta che ritroviamo nella vena spontanea dei *Nostri antenati*. Anche qui Calvino racconta la favola della sua infanzia, ma nell'abbandono della scrittura immette tutte le sue esperienze di uomo adulto, di uomo di cultura e di lettere. Il trauma del distacco violento dal contatto integro e integrale con la natura è rappresentato con il ritmo e il timbro della favola, ma ora si tratta di « favola intellettuale ». Calvino continua, sulla pagina scritta, i giochi della sua infanzia, però con un « piú » decisivo: ora il gioco è consapevole, in un certo senso è un gioco triste. Egli ci diverte e si diverte con il suo *Barone rampante* o col suo *Cavaliere inesistente*, ma non dimentica che questi antenati favolosi hanno conosciuto di già la disumanità dell'era moderna. Nella prefazione ai *Nostri antenati* c'è un brano rivelatore:

> « Dall'uomo primitivo che, essendo tutt'uno con l'universo, poteva essere detto ancora inesistente perché indifferenziato dalla materia organica, siamo lentamente arrivati all'uomo artificiale che, essendo tutt'uno coi prodotti e con le situazioni, è inesistente perché non fa piú attrito con nulla,

non ha piú rapporto (lotta e attraverso la lotta armonia) con ciò che (natura o storia) gli sta attorno, ma solo astrattamente funziona ».

Prima ancora che Marcuse, ovvero le teorie di Marcuse (peraltro mutuate, sia pure con originalità, da Adorno e da Horkheimer) fossero diventate di moda in Italia, Calvino aveva dato il quadro clinico non solo della società italiana, ma ormai della civiltà intera cristiano-occidentale, sfociata nell'« uomo a una dimensione » del sistema, che lo schiaccia e lo rende anonimo.

E forse allora, con l'aiuto di Marcuse, possiamo anche trovare un'altra ragione del regredire di Calvino verso « i nostri antenati ». Dice grosso modo Marcuse che nella società capitalistica il principio del piacere è stato soffocato dal principio della realtà. In altri termini, alla gioia di vivere e all'aspirazione alla felicità il sistema ha sostituito l'« etica » del sacrificio fine a se stesso, anzi della supina donazione di sé al padrone, a chi detiene il potere.

Beninteso, il trauma della scissione del principio del piacere dal principio della realtà è un trauma antico quanto l'uomo. Ma secondo Marcuse questo trauma non è « naturale », è storico: cioè le sue modalità e le sue manifestazioni si ripresentano ogni volta sotto un aspetto diverso, conforme al tipo di società, di civiltà, ecc.

Nell'universo a una dimensione, nell'interno di un sistema che pianifica gli individui e dà loro l'illusione della felicità offrendogli continuamente merci, insomma nell'ambito delle tetragone leggi del consumismo, l'uomo non è piú arbitro del proprio destino, si sente ed è effettivamente una « cosa » tra tanti oggetti, né superiore né inferiore. Questa è la situazione oggettiva e soggettiva, anche se taluno può anche credere il contrario. Ma a guardare meglio, l'autenticità dell'uomo, di tutti gli uomini, è una tragica maschera che ripete in infiniti volti la stessa smorfia di dolore, di rabbia, di rassegnazione, di gioia, di ebete euforia. È il fenomeno del conformismo, che si rivela nell'accettazione di un sistema dalle leggi repressive, create, sia dal capitalismo privato, sia dal capitalismo di Stato (come nelle repubbliche socialiste che hanno « imbalsamato » il vero pensiero di Marx).

Ora quest'uomo represso e oppresso dalla realtà, quest'uomo che identifica la felicità con il week-end e con le vacanze programmate, quest'uomo che sta alla catena di montaggio otto ore, o sette davanti a una scrivania, ebbene, quest'uomo, nonostante che viva nel cerchio chiuso della produttività alienata, sente salire dal profondo, dall'inconscio il sentimento della felicità vera che in un lontanissimo giorno (la sua infanzia e l'infanzia dell'umanità) ha conosciuto.

E cosí regredisce alla ricerca della felicità perduta. Ma è una regressione, per cosí dire, fruttuosa. Ecco un fascinoso passo di Marcuse in *Eros e civiltà* (Torino, Einaudi, 1964): « Il fatto che nella psicoanalisi la memoria abbia una posizione centrale come modo decisivo di "cognizione", è molto piú che un semplice espediente terapeutico; la funzione terapeutica della memoria deriva dal "valore di verità" della memoria. Il suo valore di verità sta nella funzione specifica di conservare promesse e potenzialità che sono state tradite, e perfino dichiarate fuori legge, dall'individuo maturo e civile, ma che una volta, nel suo passato nebuloso, furono realizzate, e che non sono mai state completamente dimenticate. Il principio della realtà impone una costrizione alla funzione cognitiva della memoria, al suo attaccamento all'esperienza passata di felicità che acuisce il desiderio di ri-crearla consciamente. La liberazione psicoanalitica della memoria sconvolge e distrugge la posizione razionale dell'individuo represso. Quando il conoscere cede il passo al ri-conoscere, le immagini proibite e gli impulsi proibiti dell'infanzia cominciano a proclamare quella verità che la ragione nega. La regressione assume una funzione progressiva. Il passato riscoperto offre norme critiche che sono represse dal presente. Inoltre la restaurazione della memoria è accompagnata dal contenuto cognitivo della fantasia ».

Ce n'è quanto basta, crediamo, per dare un altro colpo di sonda alla poetica di Calvino. Prima, però, occorre dire che per Marcuse la ragione o la razionalità, in questo mondo tecnologizzato, si identificano con la follia distruttiva. E un solo esempio sarà sufficiente per illustrare il concetto: i programmi di un'industria sono senza dubbio razionali come i meccanismi di un orologio, ma da questa razionalità, da questa « ragione tecnologica », nascono beni di consumo superflui o addirittura omicidi (si pensi all'inquinamento atmosferico e alle sempre piú terrificanti armi nucleari).

Ecco dove è finita la dea Ragione degli illuministi: nell'ingranaggio disumano di una macchina automatica.

Calvino ne ha preso atto, ma con la lucidità implacabile dell'intelligenza che non vuole soccombere di fronte al caos. La sua regressione verso « i nostri antenati » è una ritirata strategica: recupera il principio del piacere e nello stesso tempo « il contenuto cognitivo della fantasia », come dice Marcuse, e poi fa reagire, come in un alambicco chimico, il piacere e la fantasia con il mondo repressivo, antiestetico e antiumano di oggi. Di qui il valore della trilogia.

La stessa operazione chimico-narrativa, per restare nella metafora, si trova ad esempio nelle avventure di *Marcovaldo*, il quale malgrado l'umorismo che certo sprigiona (per germinazione spontanea, si direbbe), è invero una storia di una tristezza esemplare, o un esempio di tristezza tutta moderna, con il suo contrasto tra una mentalità contadina (quindi in un certo senso « naturale ») e l'artificiosa vita della grande metropoli.

Ancora una volta l'illuminista Calvino non deflette dalla sua linea: il suo Marcovaldo non lo colloca in campagna, ma in città. È nella città infatti che si decide ormai il destino dell'uomo, a dispetto della sua struttura soffocante, oppressiva. Certo il progresso tecnologico non è stato accompagnato dal progresso sociale, morale, etico, culturale, come il primo Calvino aveva forse immaginato, in sintonia con la filosofia illuministica. Ma tornare indietro, tornare in campagna ormai non si può piú, a meno di chiudersi in un universo privato, nella proverbiale torre d'avorio.

Eppure... Eppure la nostalgia della campagna (o dell'infanzia) non è mai stata bruciata del tutto da Calvino: gli esplode dentro e fuori nei momenti piú impensati, e con esiti narrativi sconcertanti. Come si difende Calvino da questa irruzione caotica, anarchica, nel suo pensiero proteso a dare un ordine al mondo? Con l'arma dell'ironia, che frappone tra il soggetto e l'oggetto una sorta di griglia, di setaccio, di lastra di vetro di notevole spessore. Non è l'ironia romantica, la sua, che in fondo è il risultato di un cinismo calcolato, o di uno scetticismo mondano. L'ironia di Calvino è quella di chi conosce e apprezza il valore delle cose, ma di chi conosce anche il valore « storico » delle cose e quindi della loro effimera presenza, perché il presente è sempre « altrove », cosí come il passato.

Il pathos della distanza

Ecco perché se si guarda indietro o attorno, l'uomo di Calvino ha sempre un sorriso di distacco, una riserva ironica che gli permette di non credere istintivamente, ma di approfondire prima di credere. Quando la fanciullezza tende ad affiorare e diventare modello di vita, l'uomo calviniano la distanzia con uno sberleffo, o con un giudizio morale intriso di umorismo.

Ma è un atteggiamento che costa fatica. Cesare Cases ha parlato, a questo proposito, di « pathos della distanza ». Una definizione suggestiva e insieme esatta come la dimostrazione di un teorema, e proprio per questo, nella sezione dedicata alla critica, abbiamo voluto riportare larga parte del saggio di Cases.

Che cosa significa « pathos della distanza »? Significa che Calvino sente come necessario e giusto il suo atteggiamento di distanziarsi dai suoi personaggi per meglio osservarli; ma nell'istante esatto in cui prende, per cosí dire, le dovute distanze, avverte come un rimorso, una nostalgia, una menomazione ancestrale di non poter condividere fino in fondo le loro avventure esistenziali. *Gli amori difficili* si reggono tutti su questo « pathos », esemplificato in situazioni narrative di un geometrico nitore. La distanza che separa i due coniugi a causa dei due turni di lavoro diversi (*L'avventura di due sposi*) e la distanza che separa il poeta dalla bellezza della natura (*L'avventura di un poeta*) producono entrambe, appunto, il « pathos », la sofferenza di non riuscire a incontrarsi pienamente o a identificarsi totalmente con l'oggetto amato.

Ma anche qui Calvino non dimentica di riempire tale distanza di significati sociali. La sua cornice geometrica pullula in effetti di motivi e di temi sperimentalmente verificabili nel tessuto della società alienata. I due sposi non s'incontrano « per colpa » della fabbrica, e il poeta non riesce a godere l'incanto della natura anche « per colpa » dell'apparizione di un gruppo di pescatori segnati dalla fatica del vivere. In questo mondo disumanizzato gli amori sono « difficili » non tanto per la solitudine dell'Io di fronte all'« altro », che è probabilmente un problema bio-teologico (ci sia permessa questa espressione), quanto per l'organizzazione della società che per funzionare deve separare gli individui, deve frazionarli in tante unità distinte e incomunicabili, in modo che ciascuno faccia il proprio lavoro senza pensare a che cosa e a chi serve, senza cioè pensare al suo fine e a quello dei suoi simili.

La volontà geometrica che Calvino impone ai suoi racconti o ai suoi romanzi genera un duplice risultato sul piano artistico: da una parte evita al discorso narrativo di impantanarsi in una registrazione sentimentale della realtà, di cadere insomma nella famosa *tranche de vie* del naturalismo (Maupassant, Daudet, Zola, ecc.), dall'altra gli permette di dar conto della realtà, di informarci sulla realtà, o meglio sulla perenne verità del mondo. A proposito di Calvino si sono fatti i nomi, presi dal versante delle arti figurative, di Bruegel e di Bosch. Ci permettiamo di aggiungere a questi due nomi quello di Mondrian. E ci spieghiamo: un quadro di Mondrian è costituito da una intelaiatura di quadrati e di rettangoli. Ebbene, questo è il disegno geometrico del discorso narrativo di Calvino, la sua struttura portante. Poi all'interno di ogni quadrato, di ogni rettangolo, di ogni sequenza narrativa ferve la vita degli uomini, delle piante, degli animali, insomma di tutto il regno organico. È come se Mondrian avesse inserito nei suoi scacchi asettici i personaggi di Bruegel e di Bosch. Ritroviamo qui la coppia oppositiva che presiede a tutta l'opera di Calvino: favola e geometria; oppure costruzione geometrica e significati ideologici in senso largo. Oppure ancora: volontà di organizzare il discorso secondo i moduli della fiaba e volontà di riempire la fiaba di contenuti attuali. Queste coppie oppositive, reagendo, provocano un attrito, una scintilla o addirittura una deflagrazione.

Il timbro patriarcale

Anche le recenti opere di Calvino, *Le Cosmicomiche* e *Ti con zero*, benché possano apparire sospese nel vuoto dell'astrazione pura, a ben vedere ripropongono l'« uomo arboreo » del *Barone rampante*, soltanto che Qfwfq si cimenta questa volta con i « miti d'origine », con le forme della creazione dell'universo. E, diciamo la verità, un sospetto di gioco gratuito ci prende davanti a questi racconti, godibilissimi di per sé, ma un po' troppo poveri di « attrito ». Si ha l'impressione che Calvino si sia allontanato dalla Terra fino a perderla di vista; o piú precisamente fino a perdere di vista la tensione creativa che animava la sua narrativa precedente. Che gli sia venuta meno la sua fiducia nella storia, e soprattutto nel progresso della storia? Crediamo che sia un interrogativo legittimo. La ragione illuministica, che aveva sostenuto Calvino anche nei momenti di crisi piú profonda, nei due libri citati piú sopra si è come affievolita, come rattrappita, e il suo umanissimo sorriso ironico rischia ad ogni istante di capovolgersi in scetticismo, in un distacco senza « pathos » e senza speranza.

Il fatto è che Calvino ha sempre subito, in modo piú o meno palese, le suggestioni che gli derivavano dalle letture o dalla frequentazione di uomini di lettere, salvo poi piegare queste suggestioni sotto il segno della sua poetica. Se il primo Calvino risentiva delle « scritture » di Hemingway, di Babel' (il grande scrittore russo morto tra le due guerre e autore de *L'armata a cavallo*), di Stevenson, di Kipling, di Conrad (citiamo alla rinfusa), di certo Pavese, di certo Vittorini, di Ariosto ecc., ora appare propenso a studiare le « scritture » di Jorge Luis Borges e di Julio Cortàzar, e forse anche di Adolfo Bioy-Casares (tutti e tre, guarda caso, argentini), veri maestri della « tecnica del racconto », cioè inclini a considerare un racconto piú un fatto tecnico, quasi matematico, che un fatto « umano ». Si capisce che stiamo esemplificando al massimo, rischiando anche di sminuire la grandezza dei tre scrittori. Essi hanno comunque in comune la passione per le vertiginose speculazioni metafisiche.

Per non addentrarci in un problema che sarebbe troppo lungo affrontare qui, diciamo che Calvino è ormai lanciato a riconsiderare tutta la letteratura come un « sistema di segni » chiuso in se stesso, e che il rapporto con la realtà sociale, economica, politica ed etica non è un rapporto diretto, ma di sterminate mediazioni. Insomma il discorso narrativo è una cosa e il discorso della realtà è un altro, e solo dopo aver capito come funziona il primo, si può capire come funziona il secondo. La letteratura è il regno del linguaggio che prolifica su se stesso, che emerge dalla notte del genere umano e parla con una voce che non è dell'autore bensí di tutto il genere umano.

Non è che questo problema Calvino lo avesse trascurato, anzi lo aveva intuito addirittura agli esordi della sua carriera, e basti pensare al suo amore per le fiabe. Ma nelle *Cosmicomiche* e in *Ti con zero* a noi pare che le piú recenti teorie sulla letteratura egli non le abbia assimilate e piegate alla sua spontanea vena di scrittore, ma le abbia semplicemente tradotte in racconti quasi didascalici, o didattici. E sarà sufficiente leggere il racconto *Il conte di Montecristo* (inserito in *Ti con zero*) per intendere il rischio affrontato da Calvino di cadere, inerme, sulla sua stessa pagina, di restare prigioniero di una formula, di una « scrittura ». Ammiriamo lo sforzo di superarsi, di ritrovare l'antica tensione, di « scoiattolare » dalle mani dei suoi critici; ammiriamo la sua volontà di andare sempre piú avanti, ma non possiamo tacere la caduta di rendimento. Evidentemente c'è una soglia biologica, di stile, che per ora non riesce a varcare.

Lo salva da una caduta clamorosa il « timbro » della sua prosa, che non si smentisce mai e lo fa riconoscere tra mille scrittori. La prosa di Calvino non è particolarmente eccitante al livello sintattico e lessicale. Tranne qualche scorribanda nel gergo della malavita (*Il sentiero dei nidi di ragno*) e qualche anacoluto nei

Nostri antenati, la sua prosa è di tipo medio-borghese. Ma lo stile è fatto anche di « timbro ». Un esempio: « il cielo è rosso » non cambia di significato se lo dice un contadino, o un operaio, o un intellettuale, o un industriale e via discorrendo. Eppure questa frase, pronunciata con un certo tono di voce, con un certo timbro, può acquistare delle risonanze semantiche incredibili.

Ecco, Calvino « dice » le frasi piú usuali, colloquiali, familiari con un « timbro » inconfondibile. Ed è il « timbro » di chi racconta, appunto, una favola, anche se l'argomento è magari scientifico. E questo « timbro » si ritrova in tutte le sue prose, perfino in quelle saggistiche. Ogni volta che Calvino si mette a scrivere un racconto, dal piú fiabesco al piú realistico, sembra di avvertire la proverbiale clausola stilistica d'apertura: « C'era una volta... ». Ecco due esempi tratti da prose diametralmente opposte. Ne *Il bosco degli animali* (ora nei *Racconti*) si legge a un certo punto:

« Ora bisogna sapere che Giuà era il cacciatore
piú schiappino del paese ».

(E il racconto narra le disavventure di un tedesco in fuga durante la Resistenza.) Ed ecco l'altro esempio tratto dalla *Speculazione edilizia*:

« Viveva, questo Angerin, in una baracchetta
d'assi lí nel cantiere, un ripostiglio per gli arnesi,
per la guardia di notte; dormiva per terra, come
una bestia, vestito ».

Questo « timbro » sembra veramente scaturire dalla « prima voce » di un uomo che in tempi remotissimi, intorno al fuoco del bivacco, raccontava ai parenti riuniti quello che aveva visto, quello che aveva vissuto. È la voce anonima della « tribú », che pur nell'attuale civiltà estremamente tecnologizzata, sale dai recessi della memoria collettiva e inonda lo spirito di un sentimento indefinibile. E di fatto, ogni romanzo, ogni racconto, ogni novella, per quanto complicate siano le sue vicende, ci riporta inconsciamente ai primordi dell'umanità e ci tramanda il senso dell'esistere, che in ultima analisi si riduce all'eterna lotta tra la vita e la morte, tra Eros e Thanatos.

Il « timbro » di Calvino è « patriarcale », cioè quello di un uomo che, dopo aver conosciuto il mondo con tutti i suoi orrori e le sue gioie, ne ha ricavato un modello di vita, una saggezza, o una morale, che lascia in eredità ai posteri che a loro volta la trasmetteranno ai discendenti, dando cosí vita alla catena della tradizione.

E che cos'è la letteratura se non la trasmissione di una saggezza, o per meglio dire un modello cui atteggiarsi nelle varie situazioni che via via si presentano all'uomo? In conclusione Calvino ci indica l'atteggiamento da assumere di fronte al mondo. E questo atteggiamento è fecondato, repetita iuvant, dalla speculazione sull'uomo « completo », un miscuglio di bene e di male. Il suo è sempre un invito a non mai separare queste due entità. E proprio perché il suo atteggiamento è antimanicheo per eccellenza (intendiamo dire l'atteggiamento dei personaggi di Calvino), proprio per questo il « messaggio » calviniano ci induce a prendere posizione nel campo giusto, nel campo cioè in cui l'umanità e i valori che questa esprime sono strenuamente cercati, inseguiti, trovati e ribaditi.

È curioso notare che Calvino un simile atteggiamento l'aveva fin dalla giovinezza, la sua voce già allora era « patriarcale ». Forse per tale motivo la sua narrativa soddisfa tanto i giovani che gli adulti.

IV

LA CRITICA

La ragione della fantasia

La bibliografia critica di Italo Calvino, sebbene non vastissima (data anche la giovane età dell'autore, in senso letterario), è abbastanza ricca tuttavia da imporre una scelta drastica, a volte crudele. Cercheremo di offrire un ventaglio il piú possibile ampio di giudizi secondo un criterio non cronologico (che ha i suoi vantaggi, ma anche l'evidente svantaggio di essere legato alla contingenza e non a una prospettiva storica), ma per cosí dire « spaziale », legando i vari giudizi mediante un'ottica che individueremo via via che ci addentreremo nelle valutazioni parziali o totali o puramente cronachistiche dell'opera dello scrittore ligure.

Comunque non si può prescindere, per cominciare, dalla prima, autentica « scoperta » di Calvino fatta da CESARE PAVESE nella recensione già citata al *Sentiero dei nidi di ragno*, apparsa su « l'Unità » il 26 ottobre 1947.[1]

« A ventitré anni – cosí inizia l'articolo – Italo Calvino sa già che per raccontare non è necessario "creare i personaggi", bensí trasformare dei fatti in parole. »

---

[1] Ora raccolta nel volume *Saggi letterari* dell'opera omnia di Pavese (Torino, Einaudi, 1968).

(E qui Pavese formula subito la « sua » concezione della letteratura.) « Lo sa in un modo quasi allegro, scanzonato, monellesco. A lui le parole non fanno paura, ma nemmeno girare la testa, fin che hanno un senso, fin che servono a qualcosa le dice, le snocciola, le butta magari, come si buttano i rami sul fuoco, ma lo scopo è la fiamma, il calore, la pentola. » (E qui è implicito un attacco alla poetica dell'ermetismo che Pavese aveva combattuto a suo tempo.) « Ormai di scrittori che puntano sui grossi personaggi come usava una volta, non ce n'è quasi piú. Cambia il mondo. Poveretto chi è rimasto coi nonni. Ma poveraccio, disgraziato, chi dietro ai grossi personaggi che "facevano concorrenza allo stato civile" » (Pavese si riferisce a una frase di Balzac, o meglio alla definizione che i critici ottocenteschi davano dei personaggi balzachiani) « ha mollato anche i fatti, le cose di carne e di sangue, e brucia incensi di parole in non si sa che cappella privata. Calvino è nato al raccontare in mezzo alla guerra civile. Se diciamo che questo *Sentiero dei nidi di ragno...* bocciato al concorso Mondadori e vincitore di quello di Riccione, è il piú bel racconto che abbiamo sinora sull'esperienza partigiana, nessuno sarà troppo commosso. Non ce ne sono stati altri. Diremo allora che l'astuzia di Calvino, scoiattolo della penna [eccola la celebre immagine], è stata questa: di arrampicarsi sulle piante, piú per gioco che per paura, e osservare la vita partigiana come una favola di bosco, clamorosa, variopinta, diversa. »

Già in questo primo brano risalta la profezia, che ha dell'incredibile, sulla natura della narrativa di Calvino. Oltre allo « scoiattolo della penna », Pavese parla di « arrampicarsi sugli alberi », quasi prefigurasse l'avventura di Cosimo Piovasco di Rondò.

Ma non finiscono qui le « profezie critiche » di Pavese. Dopo essersi soffermato ad analizzare, per rapide sintesi, l'intreccio vero e proprio e la configurazione dei vari personaggi, Pavese salta fuori con quest'altra annotazione: « C'è qui dentro un sapore ariostesco. Ma l'Ariosto dei nostri tempi si chiama Stevenson, Dickens, Nievo, e si traveste volentieri da ragazzo. Quello schietto e goloso abbandono all'incalzare di eventi e catastrofi, di spettacoli e visi noti che faranno la smorfia o il sorriso previsti, che saranno maschere così fedeli alla loro natura da colpire di perenne stupore, quella schietta e complicata ingenuità dei poemi, può ritrovarsi ai giorni nostri solamente dentro un cuore di fanciullo. Non importa se il fanciullo di Calvino dice "puttana" e sa cos'è, bercia canzoni da bordello e potrebbe magari ammazzare qualcuno. Non ha legge né madre, c'è la guerra, la gente si ammazza e non è colpa di Pin tutto questo. Calvino racconta dei fatti, e questi fatti hanno radici, consistenza, sono groppi di carne e di sangue; a rimuoverli, e sia pure con amore di parole, spiccia il sangue, si scopre la piaga, si sente un fetore di un mondo in cancrena... La conclusione è quella solita. Trasformare dei fatti in parole non vuol dire cedere alla retorica dei fatti, né cantare il bel canto. Vuol dire mettere nelle parole tutta la vita che si respira a questo mondo, comprimercela e martellarla. La pagina non dev'essere un doppione della vita, sarebbe per lo meno inutile; deve averla, questo sí. Dev'essere un fatto tra i fatti, una creatura in mezzo alle altre ».

Se abbiamo riportato una gran parte della recensione di Pavese è anche perché la critica successiva si rifà a quella, ovviamente modificandola a mano a mano che Calvino procede, nelle opere successive, a una verifica della sua poetica, ora ribadendola, ora mutandola di segno, ora addirittura contraddicendola, in apparenza, con quel suo movimento pendolare che gli è caratteristico.

Di questa attitudine di Calvino a camminare per cosí dire a serpentina, si fa interprete GENO PAMPA-

LONI:[2] « Di Italo Calvino, la prima caratteristica è la molteplicità dei motivi tematici e la varietà delle maniere, che pur fanno tutte capo a una limpida istanza fantastica alimentata e direi avallata dall'intelligenza della cultura. Una seconda caratteristica, legata alla prima, è il tipo di impegno quale si è via via modificato e precisato nel tempo con insolita chiarezza intellettuale. Mi spiego. Il Calvino è, in pari misura e senza contraddizioni, al tempo stesso narratore e "intellettuale moderno". I suoi saggi (tra i quali eccellente *Il mare dell'oggettività*...), gli interventi politici in forma allegorica, sono quanto di meglio si sia fatto in Italia nel senso del confronto e colloquio tra i problemi e la moralità della letteratura con il movimento del pensiero contemporaneo ».

Tuttavia Geno Pampaloni avanza anche qualche riserva: « Che poi una simile operazione si risolva nel concreto (giudicando con severità assoluta) piú sul piano dell'eleganza intellettuale che della reale potenza espressiva, piú nell'invenzione di forme ammiccanti, gradevolmente fruibili e in definitiva di nuovo "letterarie" piuttosto che in creativa imposizione di nuove forme; che egli sia tutt'altro che immune, per dirla con Cesare Garboli, dal "male estetico"; e che cioè, per rimanere su esempi italiani e prossimi, egli si avvicini piú al Bontempelli che al Palazzeschi; ciò non toglie molto alla sua squisita, stimolante e anche amara modernità ».

L'operazione cui si riferisce Pampaloni è il connubio, o scambio continuo tra « ragione dialettica » e « prerogative fantastiche ». In conclusione il critico vede in questo commercio tra il desiderio di comunicare, di « informare », e l'urgenza tutta intima, biologica di abbandonarsi agli scatti imprevedibili ma felici della fantasia, il fulcro della resa poetica delle opere

---

[2] *Il Novecento*, Milano, Garzanti, 1969.

di Calvino in generale. Ma il filone fantastico-favolistico di Calvino non convince del tutto Geno Pampaloni il quale, pur rendendo omaggio all'« eccezionale splendore » di alcune pagine delle *Cosmicomiche* e di *Ti con zero*, avverte che... « proprio nel cuore di una suggestione fantastica quanto mai moderna riaffiora prepotente la calligrafia, il rondismo, la favola lirico-metafisica ».

Giacché è stato chiamato in causa da Pampaloni, vediamo che cosa e « chi è » Calvino per CESARE GARBOLI: « Ho sempre pensato che per Italo Calvino, il quale passa per essere uno storicista e un illuminista, critico e saggista di fiera ispirazione militante e impegnata, agguerrito ideologo della letteratura, e, oggi (1967), della "crisi", i fatti umani e storici siano stati infinitamente meno importanti dei fatti inconsci. Sotto la vernice del rigorismo intellettuale di area piemontese, gramsciana e pavesiana, sotto la precisione, la lucidità impeccabile del segno, e dietro lo schermo delle sue invenzioni romanzesche, delle sue favole e allegorie, dei suoi "*contes philosophiques*", ho sempre avvertito in lui una presenza diversa, la spinta di un inespresso ordine di emozioni che sarebbe improprio definire irrazionali: qualcosa di rimosso, certamente, ma anche di immaturo, di vitale, di insofferente, come è dei corpi femminei quando si agitano irrequieti tra le coperte – se la similitudine è lecita – irritati da un ingombro o da un'impotenza, cosí da esprimere la propria scontentezza ora con una serietà e immobilità di troppo, ora con una grazia capricciosa, volubile, allusiva di tutto ciò che è impossibile comunicare ».[3]

È interessante il giudizio di Garboli perché vi è implicito un invito ad avvicinarsi all'opera di Calvino con strumenti psicanalitici, ad applicarvi cioè la « critica psicanalitica », che potrebbe dare ricchi e forse impre-

---

[3] *La stanza separata*, Milano, Mondadori, 1969.

vedibili elementi di valutazione di un *corpus* come quello calviniano cosí povero di sollecitazioni psicanalitiche evidenti e chiare. E si capisce perché: un illuminista, un razionalista come Calvino diffida istintivamente della psicologia del profondo. Ma è proprio questa diffidenza che, ci auguriamo, qualcuno un giorno si deciderà a sondare, magari impietosamente.

GIAN CARLO FERRETTI legge invece l'opera di Calvino quasi esclusivamente in chiave ideologica, di un'ideologia nutrita di marxismo, ma anche consapevole che la letteratura è una cosa e la politica un'altra. Ad esempio nella recensione alla ristampa del *Sentiero dei nidi di ragno* apparsa su « l'Unità » del 1° novembre 1964, Gian Carlo Ferretti pone esclusivamente l'accento sul significato della prefazione, scritta, come si ricorderà, da Calvino stesso. Ferretti non dubita che Calvino abbia bruciato, col passare degli anni, « il momento piú passivamente nostalgico » di una esperienza irrepetibile (la Resistenza), per « ritenerne invece le istanze ideali e morali piú profonde... ». Gli rimprovera, con un punto interrogativo però, di « non aver saputc (o potuto) portare questo processo fino in fondo con piena coerenza ». Tanto è vero che il critico si chiede se per caso Calvino non abbia finito per cadere nella « insidia sottile » di un « ritorno moralistico sentimentale alla nostalgia consolatrice ». Ferretti teme, in definitiva, con una argomentazione dialettica, che Calvino guardi alla stagione della Resistenza piú come a un mito che come a un evento storico da sviscerare con l'intelligenza e l'esperienza del presente. E ribadisce il suo dubbio, che ormai è diventato una certezza, ne *La letteratura del rifiuto* (Milano, Mursia, 1968): « In realtà i dissidi, i passi indietro, le crisi di idee e di linguaggio, attraverso le quali Calvino ha portato avanti la sua ricerca saggistica e narrativa in tutti questi anni, non nascono certo dalla dissipazione di quel patrimonio [la Resistenza], ma dalla cristallizzazione e idoleggiamento di una parte ancora troppo cospicua di esso, dalla incapacità e oggettiva difficoltà – in una società che non gli è più solidale – a risolverlo interamente in quella conquista di una nuova "intelligenza storica" e di una nuova razionalità, attraverso l'acuta intelligenza del negativo e della "crisi", che egli ha sempre perseguito. Calvino, del resto, lo sa bene... sa anche che è necessario insistere in quella ricerca, con una costante tensione critico-autocritica e negativa... ».

Nel brano finale Ferretti enuclea lo « stoicismo » imperterrito di Calvino, il suo perseguire ad ogni costo, nel mezzo delle sconfitte quotidiane e storiche, il disegno di una società retta da leggi giuste.

Sotto il fuoco ambiguo della neoavanguardia

È perfino superfluo indicare nello « stoicismo » di Calvino, nella sua fiducia nel progresso « illuminato », la bestia nera della neoavanguardia italiana. Uno dei più agguerriti teorici del « Gruppo 63 », ANGELO GUGLIELMI, nel rispondere sul « Menabò » (n. 6, settembre 1963) al saggio di Calvino *La sfida al labirinto*, afferma che è ormai pacifico che nella società attuale, percorsa da correnti ideologiche di diversa provenienza e di diverso colore, la « linea "razionalista", o della stilizzazione riduttiva e matematico-geometrizzante » (sono parole di Calvino citate da Guglielmi) non è più in grado di dominare la complessità del reale, anzi dà una giustificazione ideologica al mondo disumanizzato della tecnologia (per quanto a Calvino appaia una vittoria della « linea "razionalista" » l'esser riuscita, ad esempio, a « imporre il gusto dei suoi designers e dei suoi architetti all'interno del mondo industriale... », ma aggiunge che ha pagato questa vittoria con un « indebolimento della sua forza creativa e combattiva »).

Ma non è questo il nodo del problema, per Angelo

Guglielmi. Contro Calvino, che intende promuovere, o difendere una avanguardia razionalista, Guglielmi oppone l'avanguardia « viscerale » che si « rifiuta a esprimere una qualsiasi idea sul mondo », e che si sottrae a « ogni tentazione definitoria ». Volere capire il mondo con una narrativa intrisa di ideologia, di una qualsiasi ideologia, anche la piú nobile, per Guglielmi è un errore: il compito della letteratura è di togliere l'ideologia dalle cose e di rappresentarle per quello che sono: un caos. « A questa funzione demistificante provvede la formula del "pastiche" letterario che, nella misura in cui intreccia in tutta disinvoltura piani conoscitivi contrastanti, decreta la morte delle ideologie, rifiutandole, appunto, quali piani di conoscenza. Il "pastiche" ha, per proprie virtú fisiologiche, una forte carica svalorizzante (nei riguardi degli ingredienti di cui si alimenta) che, in questo caso, diventa una carica demistificante in quanto impegnata a svalorizzare significati che oggi si presentano come falsi significati. »

Sono implicite le famose categorie della neoavanguardia di « grado zero », di « tabula rasa », ovvero l'esigenza di un ricominciamento a partire dalla pura e semplice osservazione dello scacco totale della ragione che dava l'illusione agli illuministi e agli umanisti di dominare secondo un piano « logico » il corso degli eventi storici. È un problema di filosofia, ma anche di letteratura, cioè di « modo di formare » (per usare una cifra terminologica di Umberto Eco) il discorso romanzesco su altre basi, su altre strutture e, infine, su altri contenuti.

Eppure nel 1958, in un articolo[4] intitolato *I "trucchi" di Calvino*, Angelo Guglielmi aveva parlato con accenti positivi del romanzo *Il barone rampante*. Il critico trovava altamente efficace l'atteggiamento antina-

---

[4] Ora incluso nel volume *Il vero e il falso*. Milano, Feltrinelli, 1968.

turalistico di Calvino che si era concretizzato in un'opera la quale «... contrariamente a quanto si dice non è tanto un esempio di serenità di scrittura, il risultato di un abbandono incantato e felice all'emozione poetica, quanto piuttosto il risultato di un progetto di violenza, il segno della consapevolezza che, per cogliere un sia pur piccolo brandello di realtà, è necessario abbandonare la posizione frontale, aggirarla, ricorrendo a tutta una serie di finzioni e di stratagemmi ».

In conclusione Guglielmi vedeva nel *Barone rampante* la realizzazione pratica (« pratica » in senso di resa poetica) delle sue teorie su che cosa doveva essere la letteratura in quella determinata fase storica, contrassegnata dalla definitiva liquidazione del neorealismo che aveva fallito il suo scopo perché aveva voluto tuffarsi nella realtà dimenticandosi che tra questa e la letteratura esiste un ponte: « il ponte delle parole ».

E già che abbiamo segnalato un giudizio tutto sommato assolutorio, anche se alacremente problematico, di uno degli esponenti della neoavanguardia italiana nei confronti dell'opera di Calvino, ci pare giusto segnalare, a questo punto, un attacco a fondo, e per molti aspetti, secondo il nostro parere, ingiusto, di un altro esponente del « Gruppo 63 »: RENATO BARILLI.

Ne *La barriera del naturalismo* (Milano, Mursia, 1964), Renato Barilli considerando soprattutto il Calvino dei *Racconti*, trova che questi si situano abbondantemente all'interno del naturalismo d'antica data: « Calvino ha dietro le spalle [...] la più calma e composta cultura italiana che non gli consente larghi margini di movimento: se quindi va a pescare coraggiosamente in un ambito già molto al limite, dove gli oggetti si ingrandiscono e premono da ogni parte sullo schermo visivo pretendendo di assumere l'iniziativa, non ha però la forza di abbandonare la soglia del "senso comune", e anzi conclusivamente fa valere sul mondo delle cose la legislazione e le gerarchie che hanno corso in esse. Lo scrittore, insomma, non si stacca da un universo dalle proporzioni solite ed è pieno di confidenza in una natura familiare, a portata di mano, interamente controllabile. E con gran probabilità sarà indotto a credere che questo equilibrio, questo far stare le cose al loro posto sanciscano la vittoria di un atteggiamento razionalistico sull'irrazionalismo del decadentismo europeo; noi, piú pessimisti, pensiamo che sia questa la vittoria di un "buon senso" italiano, con tutte le connotazioni limitative, di grettezza, di conformismo, che a questo termine si accompagnano, su irrequietezze e fervori piú vitali. Il guaio è che l'arroccamento nel "senso comune" non può mancare di abbandonare alla futilità e alla vacuità le pur fini considerazioni analitiche da Calvino efficacemente ricavate ».

Se non andiamo errati è questo il piú duro attacco rivolto all'opera del narratore ligure non solo dalla critica ispirata alla neoavanguardia, ma da tutta la critica che, in modi diversi e opposti, si è interessata al « problema » Calvino. Né ciò deve stupire giacché l'attacco frontale, e anche un po' brutale, parte da un critico che mette in cima ai nuovi valori letterari italiani il linguaggio stravolto, irrazionalistico per eccellenza, del *Capriccio italiano* di Edoardo Sanguineti (1963).

I cauti difensori

Fatto curioso, a prima vista il giudizio di Renato Barilli sembra condiviso da un critico di formazione e di gusto del tutto diversi, come PIETRO CITATI. Recensendo *Ti con zero*, su « Il Giorno » del 22 novembre 1967, Citati termina cosí: « Tocca [Calvino] i toni piú diversi. Ora morbido e prezioso: ora lucido come uno scienziato: ora capzioso e sofistico: delirante e quasi orgiastico; e qualche volta sembra un attore di varietà, un ventriloquo, che si compiace di modesti giochi parodistici ». (Ecco dove Citati sembra dar ragione alla « futilità » e alla « vacuità » notate da Renato Barilli.) Ma la critica di Citati, a meglio guardare, è un elogio dell'opera di Calvino. Per dirla in termini semplici, dove Barilli scorge difetti, Citati vede virtú: « Lo sorprendiamo a ricamare intorno al vuoto: a segnare le molli vischiosità, le bave gelatinose, l'informe inconsistenza della nebulosa originaria. Poi eccolo a disegnare linee rette e spirali: complicati labirinti, cunicoli vertiginosi, poliedri intrecciati: figure geometriche sempre piú stravaganti: le guglie, i pinnacoli, le bifore dello spazio e del tempo: tutte le frastagliature lineari del mondo, i segni capricciosi della nostra scrittura corsiva, le seghettature dei margini di ogni foglia, le nervature e le venature all'interno di esse, le mille, impercettibili trafitture di cui le frecce della luce crivellano la grana porosa della terra ».

Si direbbe, a leggere questo lacerto di prosa critica di Citati, che lo stile di Calvino abbia contagiato il suo esegeta, fino a farlo diventare complice del suo mondo fantastico. E a Citati, in effetti, accade sempre questo fenomeno di identificazione quando un autore gli sta particolarmente a cuore, e lo sente in linea con la sua idea di letteratura.

Non a caso Citati ha seguito il lavoro di Calvino fin « dai suoi esordi di critico » (ossia dagli esordi di Citati), tracciando il ritratto dello scrittore « piú incisivo e mobile e ricco di sfumature ». Converrà perciò soffermarsi sui giudizi di Pietro Citati, che tra l'altro sono sempre improntati a un gusto originale e a una singolare « vis » mimetica. Su « L'Illustrazione italiana » (gennaio 1959) e su « Il Punto » (7 febbraio 1959), Pietro Citati dedica cospicue analisi alle opere di Calvino apparse fino allora. Anzitutto loda i primi racconti (*Un pomeriggio, Adamo, Un bastimento pieno di granchi, Ultimo viene il corvo*) per la « nettezza, la crudeltà, la rapidità inventiva del segno » e spiega come

Calvino sia insieme, necessariamente, razionalista e favolista: « Non può stupire allora la dedizione di Calvino al mondo delle fiabe: *Il visconte dimezzato*, *Il barone rampante*, le trascrizioni del grosso libro delle *Fiabe italiane*. L'ambiente piú propizio allo spirito favolistico è proprio, difatti, quello della limpida e precisa ragione. Quello che il razionalista odia, soprattutto, è la meschina e trita assurdità quotidiana: il disordine continuo dei fatti e dei moti del cuore. Ma l'assurdità pura, spiegata, delle favole non può essere dominata da una razionalità assoluta, anche se capovolta? La fantasia delle fiabe discende molto piú dall'"esprit de géométrie" che da quello di "finesse". E soltanto un razionalista, forse, può sognare di costruire un racconto che sia fatto di puro "ritmo": segni, indicazioni, rispondenze impeccabili... ».

Citati mette anche in luce la ripugnanza che Calvino prova per la psicologia dei personaggi. E ci spieghiamo. Il campo della psicologia è stato abbondantemente arato dal romanzo ottocentesco, che infatti costruiva personaggi a « tutto tondo », dotati di tutti gli attributi anagrafici e patrimoniali (come in Balzac), mossi da passioni che scaturivano dalla viva realtà quotidiana, e intrecciate tra di loro da interessi materiali. (Si pensi anche a Flaubert e a Maupassant, per tacere di Zola.) I personaggi ottocenteschi riflettevano, a livello letterario, l'ascesa trionfale della borghesia, i suoi valori, le sue aspirazioni. E anche se erano personaggi « negativi » (come in Stendhal, per esempio), non facevano che rispecchiare una semplice disfunzione, non il crollo o il disfacimento o il superamento della borghesia stessa.

Ora, messi definitivamente in crisi da eventi di natura economica, storica, bellica, ecc., quei valori, i personaggi non sono piú in grado di presentarsi con tanta baldanza e sicumera. Insomma, il personaggio borghese entra in crisi, non si sente piú fatto a « tutto tondo », ma dimezzato (come il visconte): una parte guarda alla bella, pacifica, ordinata esistenza di un mondo tramontato; l'altra parte guarda in avanti con apprensione, paura, sgomento. Il personaggio borghese sa di dove viene, ma non sa dove va. Di qui un trauma profondo che riverbera la sua luce sinistra sul romanzo, che difatti a poco a poco cancella i personaggi, quando addirittura non li espunge (come in Robbe-Grillet, in Beckett e altri).

Ed ecco i «burattini», le «figurine» di Calvino, svuotati di ogni psicologia e mossi dalla pura necessità dell'intreccio geometrico, combinatorio, astratto. Giusta la meraviglia di Citati nel vedere come Calvino si abbandoni a «vere orge di psicologia» nei racconti lunghi: *La formica argentina*, *La speculazione edilizia* e *La nuvola di smog* (non era stato ancora pubblicato *La giornata d'uno scrutatore*). Ma la meraviglia di Citati dura poco, dato che per il critico la psicologia dei personaggi delle opere menzionate «è astratta, un puro strumento analitico, che non coincide mai veramente con le vicende individuali, e quindi può assumere le movenze di pura, schematica avventura intellettuale».

E in questo rifiuto della psicologia ottocentesca Calvino entra (secondo noi) nella famiglia delle neoavanguardie europee, nonostante il parere contrario di Renato Barilli, cui dà una mano metaforica ELÉMIRE ZOLLA che in un articolo apparso su «Tempo presente» (dicembre 1958) afferma che la «trasognatezza furba di Calvino è la versione snobistica del contadino che fa il tonto». Poi Zolla conia la formula della poetica della «via di mezzo»: mediante l'ironia Calvino tiene a debita distanza sia la fantasia che la realtà, raggiungendo una sorta di compromesso tematico e stilistico. «Data la poetica della via di mezzo, l'ironia di Calvino non giunge mai al sarcasmo o comunque alla ferocia, e nemmeno è pimento di dialogo, poiché in sostanza è arma di difesa che serve a tutelare l'evasione favolosa. Tutto questo meccanismo perfetto di adattamento mai veramente compromettente esige il suo prezzo, che è la prigionia nel "voyeurisme", la malattia dell'avventuriero sornione, il quale deve conservare la sua disponibilità con tutto il garbo e l'ironia possibili e rischia di diventare interiormente vuoto come la società da cui si difende.»

Tuttavia Elémire Zolla trova riusciti i racconti *La formica argentina* e *La nuvola di smog*.

L'angoscia della deformazione

Stimolante il contributo di ALCIDE PAOLINI per una maggiore comprensione dell'opera di Calvino. L'intervento di Paolini, apparso sulla rivista «Situazione» (Udine, maggio 1959), riguarda *I racconti*: « Sotto una corrosiva e sempre efficace ironia, a volte sotto una sferzante impietà, o addirittura sotto una cordiale e virile pietà si può notare [...] persistente e ostinata, una difficoltà di "coincidenza" morale nei personaggi, appena mascherata dall'abile e intelligente intervento del razionalista. Un'inquietudine, evidentemente, affatto romantica o irrazionale, moderna nel senso che il termine viene ad assumere di fronte a un problema attuale che non si può dilazionare e va affrontato vivendolo e accettando di viverlo per individuarlo e capirlo, evitando sia la trasformazione in chierici sia l'alienazione dell'individuo. Dunque un'inquietudine che aborre l'angoscia e la crisi quando siano rimpiccolite a "fatti" letterari, un'inquietudine morale soprattutto, che si contrappone solo apparentemente al suo razionalismo e al suo linguaggio rigorosamente privo di effetti, ma che anzi proprio di fronte a questa volontà enuclea la sua preoccupazione principale, l'habitus di un uomo impegnato con se stesso nel mantenersi sempre all'altezza della situazione ».

Dunque la « malattia dell'avventuriero » di cui parla Zolla, e la conseguente ironia di Calvino, per Paolini producono un'inquietudine profonda, ma il distacco, l'osservare le cose da una certa distanza è la condizione sine qua non per capire quello che di veramente sostanziale succede nel tessuto della realtà, senza per niente rischiare di diventare interiormente vuoto, anzi arricchendo la propria umanità.

Paolini nota tra l'altro che l'inquietudine di Calvino, che è provocata dal dissidio di conciliare la razionalità con l'io-intellettuale-lirico è (implicitamente) un'inquietudine storica, una lacerazione di tutta la società; ragione per cui i racconti del narratore ligure non fanno che informare poeticamente di quanto è successo o è in atto, con una « tensione dialettica che rappresenta il significato piú alto del suo impegno: forse il piú alto e valido dell'attuale stagione narrativa ».

Con un particolare riferimento ai racconti realistici, o meglio a quelli « a carica realistica », GIORGIO BÀRBERI SQUAROTTI fa scendere Calvino dai cieli e dalle nuvole in cui l'hanno collocato alcuni suoi colleghi, e lo inserisce nel vivo della società italiana: « Calvino affronta i temi della vita sociale italiana nei primi anni del miracolo economico, e, insieme, discute di posizioni politiche, immette, cioè, nel suo narrare tutte le motivazioni di realtà che furono della poetica realista, tentando di rinnovare la prospettazione attraverso gli strumenti dell'obbiettivazione saggistica, dell'osservazione critica, del commento storico-sociologico, ma i momenti piú efficaci sono costituiti da certi improvvisi e intensi squarci di rappresentazione non velata e non esteriorizzata saggisticamente dell'orrore inconsapevole dell'esistenza costretta delle città, della vita collettiva, dell'ambiguità morale dettate da imprevisti annebbiamenti di coscienza anche nel giudizio piú lucido e piú schietto. Da questa situazione sempre piú messa a fuoco nasce il risultato di crisi piú significativo dello scrittore, *La giornata d'uno scrutatore* [...] dove la prospettiva è violentemente ribaltata, e il contatto con i problemi politici è raggiunto non per mezzo della meditazione razionale, ma attraverso l'angoscia della deformazione fisica e morale, dello sconvolgimento mentale, della metamorfosi atomica ».[5]

Questo è un parlare chiaro. E forse un parlare piú chiaro ancora si trova nella scheda dedicata a Calvino, sempre di Giorgio Bàrberi Squarotti, nel volume *Poesia e narrativa del secondo Novecento* (Milano, Mursia, 1961), dove è analizzato il significato della trilogia araldica dei *Nostri antenati*, che non sono un'evasione gioiosa e quasi incosciente nel passato, ma piuttosto il recupero di una tradizione che Calvino, nell'istante stesso in cui la traduce sulla pagina, drammatizza, cioè rende attuale, cala in una realtà in cui l'uomo non sa piú chi è. Bàrberi Squarotti riporta, all'inizio della scheda, un brano dell'intervento di Calvino in risposta all'inchiesta sulle sorti del romanzo italiano promossa dalla rivista « Ulisse ».

« Io auspico – scriveva Calvino – un tempo di bei libri pieni di intelligenza nuova, come le nuove energie e macchine della produzione, e che influiscano sul rinnovamento che il mondo deve avere; penso che certi agili generi della letteratura – il saggio, il viaggio, l'utopia, il racconto filosofico o satirico, il dialogo, l'operetta morale – devono prendere un posto di protagonisti nella letteratura dell'intelligenza storica e della battaglia sociale. »

In altre parole Calvino auspica un ritorno alla temperie culturale, politica, sociale, filosofica e, ovviamente letteraria, del Settecento, del secolo dei Lumi, non per pascersi di quella atmosfera e cantarla a voce

---

[5] *La narrativa italiana del dopoguerra*, Bologna, Cappelli, 1965.

spiegata, ma al contrario per riportarla a nuova vita, e feconda, nello scontro con i problemi di oggi.

E di rincalzo Bàrberi Squarotti fa notare che la narrativa di Calvino è « del tutto fuori dalle suggestioni del realismo ottocentesco e delle sue radici romantiche... ». Come a dire che ha tagliato i ponti con un genere narrativo che fa ancora la felicità di chi non vuole cimentarsi con l'*hic et nunc* della storia, beandosi di storie romantiche in un universo del tutto deromanticizzato; e con chi insiste a credere che la nostra epoca può continuare a sfornare romanzi realistici alla maniera ottocentesca, sia per quanto concerne lo stile e la struttura, sia per quanto inerisce ai contenuti. Questa è la vera narrativa d'evasione, in quanto usa moduli che avevano una loro efficacia in una precisa fase storica, ma che oggi servono solo a « consolare », come affermava Vittorini che detestava cordialmente ogni aspetto consolatorio, sia nella vita che nella letteratura, giacché la consolazione o l'appagamento inibiscono un approccio alacre, teso, vigile e critico alle idee e ai fenomeni esteriori che la società partorisce dal suo seno a mano a mano che avanza.

Insomma, in una società alienata, lacerata, attraversata e come confusa da problemi inediti, consolare equivale, per Vittorini, come per Calvino, a inculcare nell'uomo un senso di rassegnazione e di ignavia. « Se un solo uomo è oppresso, tutti sono oppressi », si ricordi la frase di Brecht. Non ci risulta che Calvino, e i suoi critici, abbiano mai fatto il nome di Brecht. Eppure ci sembra che tra Calvino e Brecht ci sia almeno un punto di contatto, e precisamente nella famosa poetica dell'estraniamento teorizzata da Brecht, una poetica cioè che vuole evitare che lo spettatore si annulli nello spettacolo, dimenticando la sua condizione reale di uomo alienato e non libero.

La comunità infida

Calvino, per tutt'altre vie e con tutt'altro stile, desidera che l'uomo si distanzi dalla rappresentazione, salendo magari su un albero. Non per niente si è parlato, a questo proposito, di «pathos della distanza», espressione tratta da un critico come CESARE CASES dall'armamentario imaginifico-filosofico di Nietzsche. E ci pare opportuno riportare gran parte del saggio[6] che Cases dedicò a Calvino nella rivista «Città aperta» (n. 7-8, 1958); saggio che si raccomanda non solo per l'acuta interpretazione de *Il barone rampante,* ma anche per la brillante esposizione.

Scrive dunque Cases: «Si sapeva che Calvino ha caro quello che Nietzsche chiamava il "pathos della distanza". *Il sentiero dei nidi di ragno* si chiude sulla constatazione di Pin che le lucciole "a vederle da vicino sono bestie schifose anche loro", cui il Cugino replica: "Sí, ma viste cosí sono belle". Questo "pathos" della distanza, se è segno di elezione, è anche causa di infelicità, incapacità di adattarsi alla realtà immediata, a quelle bestie immonde che sono per Pin le donne come sua sorella, la Nera del carruggio, o all'esaltazione bordelliera degli avanguardisti a Mentone. In questa tensione tra la solitudine nella distanza e la comunità necessaria, ma disgustosamente vicina e infida, vive l'opera di Calvino. In entrambe le situazioni estreme l'uomo è mutilato, e si tratta di ricomporlo, ciò che non può avvenire che nella favola. Ed ecco quella del *Visconte dimezzato,* che però staccava l'esperienza della mutilazione dalle sue premesse reali e ne faceva un'astratta separazione tra bene e male, un simbolo che le belle pagine e i miracoli stilistici non potevano redimere dal suo carattere di luogo comune stevensoniano.

[6] Ora incluso nel volume *I metodi attuali della critica in Italia,* a cura di Maria Corti e Cesare Segre (Torino, ERI, 1970).

Col *Barone rampante* Calvino ha invece trovato la soluzione: ha insediato il suo eroe sulle piante, a una distanza tale da poter essere in rapporto con gli uomini e giovar loro senza essere offeso dalla sana, ma un po' maleodorante natura del popolo e da quella arida e crudele dei suoi nobili familiari. Ne è uscito il suo libro più lungo e persuasivo, accusato di "fantasia meccanica", mentre c'è da meravigliarsi piuttosto di come la fantasia abbia tenuto anche in quasi tutte le invenzioni secondarie, confermando la bontà della principale. Poiché c'era da vincere l'ostacolo della staticità della situazione. Calvino si è divertito, si sa, a fare un "pastiche" del Nievo: la villa d'Ombrosa è una specie di castello di Fratta, Viola una specie di Pisana e quel mezzo turco del Cavalier Avvocato una nuova edizione del padre Altoviti. Tuttavia le analogie non devono trarre in inganno, servono anzi a ribadire la differenza. Le *Confessioni* sono, specie nella prima parte, il solo vero "Entwicklungsroman"[7] della nostra letteratura. La ripresa di certi loro motivi e personaggi nel *Barone* non può altro che sottolineare il fatto che qui di "Entwicklungsroman" non si tratta. E come potrebbe esserci evoluzione? Dal 15 giugno 1767 fino alla morte, l'essenza di Cosimo Piovasco di Rondò è una costante inalterabile: è il vivere sugli alberi. Evolvere significa essere educati: "Entwicklungsroman" è lo stesso che "Erziehungsroman".[8] E Cosimo viene tanto poco educato che finisce con l'educare lui perfino l'aio di famiglia, l'Abate Fauchelefleur. Superati i primi problemi robinsoniani di adattamento all'ambiente è sempre lui che dispone, organizza, sorveglia: lui, doppiamente atto al comando, per natura e per posizione. Quindi nessuna educazione, nessuna esperienza che lo trasformi sostan-

---

[7] Grosso modo significa: « romanzo dell'evoluzione morale intellettuale del personaggio ».
[8] « Romanzo a tendenza pedagogica. »

zialmente. Anche Viola non è in fondo che l'immagine femminilmente esasperata di lui stesso: la donna arborea per l'uomo arboreo.

« Ma se il *Barone* non è un "Entwicklungsroman", è dubbio anche che si tratti puramente e semplicemente di un romanzo, poiché non c'è un nodo fondamentale, un avvenimento o una serie di avvenimenti decisivi che mettano alla prova il carattere dei personaggi. Si sono ricordati i contes di Voltaire, e certo, a parte l'atmosfera settecentesca, c'è la stessa mescolanza di fantasia e moralità. È chiaro però che altro è la fantasia rigorosamente narrativa e funzionale di Voltaire e altro quella naturalistica di Calvino, rampante nei campi della zoologia e della botanica con intima partecipazione e sapienza quasi mai esornativa. Piuttosto, già a proposito del *Sentiero dei nidi di ragno*, Pavese aveva fatto un altro nome piú significativo: quello – nientemeno – dell'Ariosto. Richiamo valido anche qui, non certo per la pazzia amorosa di Cosimo, innocua anch'essa, anch'essa incapace di modificare il personaggio, bensí per il pathos della distanza. Se l'Ariosto riesce a superare le dissonanze del mondo guardandolo, come dice Croce, "con gli occhi di Dio", Calvino piú modernamente e modestamente, ci riesce guardandolo con gli occhi di un arboricolo. Poiché mentre lo scrittore di romanzi accetta sempre come dato certo problematico, ma ineliminabile, la disarmonia, tra individuo e società, tra uomo e mondo, Calvino, poeta epico sperdutosi in tempi avversi all'epos, non vi si rassegna, e aspira a priori (e non, caso mai, come risultato di un lungo processo) a un'integrazione totale. E l'innocenza omerica appariva come alternativa ai problemi dei suoi personaggi: era il sentiero dei nidi di ragno, era la valle solitaria che si apre improvvisamente agli occhi di un adolescente uscito dalla paura e dall'eccitazione. Innocenza vera, non artificiale, arcadico-idillica, Erminia tra i pastori. Il modo calviniano di affrontare la "crisi del romanzo", anziché essere il ripiegamento sugli sconnessi balbettamenti "neorealistici", è stato la ricerca di una salda scrittura epico lirica che gli permettesse di esprimere questa intrinseca unità tra individuo e cosmo; scrittura che egli ha efficacemente definito nella chiusura del *Barone* paragonandola all'intrico vegetale di Ombrosa, aereo, capriccioso e nervoso. Poiché il paesaggio di Calvino, sede inquieta di gente inquieta, non è quello riposato dell'Ariosto, "culte pianure e delicati colli", né l'unità uomo-natura si effettua sulla base di uno statico idillio, bensí su quella di una profonda concordanza nel ritmo dinamico, di un accordo tra le pulsazioni del cuore e lo svettare e il frusciare delle piante, il filar via degli animali. Anzi, se si mette a descrivere, per esempio, personaggi oblomoviani, Calvino riesce subito meno persuasivo: nel *Sentiero dei nidi di ragno* c'era Zena il Lungo, che leggeva il "Supergiallo" in mezzo alla battaglia tra tedeschi e partigiani; qui c'è Gian dei Brughi, brigante paralizzato dalla lettura di *Clarissa* e quindi arrestato e giustiziato, quasi simbolo della brutta fine che attende gli anarchici di Calvino quando rinunciano al moto perpetuo. Il quale è ciò che rimedia alla stasi della situazione, ciò che rende accettabile, e nientaffatto meccanica, la "fantasia meccanica" del libro. Cosimo non evolve mai, la sua essenza rimane tale e quale, ma la sua essenza essendo il movimento (e il movimento a mezz'aria), la varietà deriverà dai diversi modi in cui questa straordinaria essenza si ribadisce e si verifica, assorbendo tutto ciò che le è estraneo, succhiando a sé il mondo dei terricoli e lasciandosi indietro gli spagnoli di Olivabassa, arboricoli per necessità e non per elezione. L'unica epica del soggetto e dell'oggetto nell'essere-nel-mondo-degli-alberi deve continuamente affermare la propria autonomia, e siccome questa autonomia è, in ultima istanza, impossibile, si crea una continua tensione tra il pericolo di distruggerla e la possibilità di ribadirla. Anche l'irrequietezza culturale e linguistica, la glossolalia delle canzoni di Cosimo in fregola, le sue esibizioni nell'uso delle lingue straniere, la sua corrispondenza con gli illuministi e la sua attività di scrittore e giornalista vanno viste anzitutto nella prospettiva di questa autofondazione: la glossolalia sarà il linguaggio dell'uomo-uccello, dell'editore del *Monitore dei Bipedi*, dell'apolide che riassume tutte le esperienze della polis. Col che non si vuol dire che tutto ciò non sia, contemporaneamente, colorito storico settecentesco, e il lettore si divertirà assai al variopinto armamentario di riferimenti che Calvino sa trarre dalle letture sue e di Cosimo. Ma si tratta di due aspetti della stessa intuizione fondamentale. L'arboricolo poteva prosperare particolarmente bene al tempo della cultura cosmopolitica dei Lumi, al tempo del mito dello stato di natura e del buon selvaggio, del barone di La Hontan e del viaggio di Bougainville ».

Come si può facilmente capire e ci piace ribadire, si tratta di uno dei piú notevoli contributi critici alla penetrazione su diversi piani, e a spirale, di un'opera per molti aspetti cosí sfuggente come quella di Calvino.

Qualche perplessità mostra di avere MICHELE RAGO sulla vena fantastica e favolistica di Calvino, preferendo alla trilogia dei *Nostri antenati*, l'altra trilogia, quella dei racconti-dibattito: *La formica argentina*, *La speculazione edilizia* e *La nuvola di smog*.

In sostanza Michele Rago vede nella « trilogia araldica » un lieve cedimento della tensione cognitiva di Calvino: « Intorno ad essi [cioè ai tre racconti della trilogia] la critica si è interrogata per scoprire i simboli che vi ha dissimulato o le analogie che vi ha scoperto l'autore, preso da un giuoco di fantasia in cui si è voluto scorgere perfino una carica di ambiguità, che noi preferiremmo chiamare incertezza: una volontà di non bruciare tutte le polveri di fronte agli infiniti interrogativi che la realtà odierna pone all'artista e quindi all'uomo, volontà di non legarsi al capriccio effimero di una moda o, peggio ancora, di non chiudersi in uno schema secondo i precetti di una scuola, fosse pure la piú "avanzata" o la piú avanguardistica, come quella francese della visività assoluta ».[9]

Michele Rago individua sempre secondo la nostra opinione, quella che è la natura « scoiattolesca » dello scrittore ligure, il suo voler sfuggire a ogni definizione, a ogni etichetta, per non lasciarsi scappare, nello stesso tempo, le molteplici possibilità espressive che sente di possedere. Per piú versi Calvino è uno scrittore sperimentale, o per lo meno uno scrittore che non si adagia mai sugli allori conquistati. Quando Rago parla della volontà di Calvino di non chiudersi in uno schema secondo i precetti di una scuola, ha certamente presente la suggestione che stava allora esercitando il nuovo romanzo francese sulla neoavanguardia italiana.

ANGELO GUGLIELMI, dopo avere polemizzato con le concezioni teoriche di Calvino (come si ricorderà) ritornando sullo scrittore in un breve paragrafo inserito in *Vent'anni d'impazienza: antologia della narrativa italiana dal 1946 ad oggi* (Milano, Feltrinelli, 1965), scrive: « A nostro modo di vedere la favola di Calvino serve a sgonfiare la dimensione retorica delle cose, le previsioni di significato piú ovvie e, nel contempo, a permettere loro di spingersi in spazi piú avventurosi e piú aperti. Le forme tradizionali in cui il reale comunemente si manifesta, sono logore, cosí è necessario rinnovarle con altre artefatte. È come il caso di un uomo che ha un rene ormai non piú utilizzabile: glielo si deve sostituire con uno di plastica se lo si vuole far sopravvivere; se invece ci si ostina a credere che quel rene sia ancora sano, in breve lo si conduce alla morte. È

[9] Vedi « l'Unità », 13 agosto 1960.

a questo punto che interviene la favola, prestando quel rene di plastica, grazie al quale viene ricostituita la regolarità (la realtà) della funzione. Per uscire di metafora si può dire che grazie all'impianto favolistico – contrapposto a quello realistico della narrativa per esempio di Pratolini – Calvino riesce a pervenire a esiti favorevoli di penetrazione del reale».

Sgonfiare la dimensione retorica delle cose era un progetto estetico della neoavanguardia italiana e francese: ovviamente il progetto veniva realizzato in modi diversi, a seconda della personalità degli autori. Per Guglielmi, Calvino realizza il progetto mediante l'«impianto favolistico». Come s'è visto, il suo collega d'avanguardia Renato Barilli non è affatto d'accordo.

Ma se ci è permesso un nostro brevissimo intervento, è proprio di Calvino il gusto di non mettere d'accordo neanche i critici che appartengono alla stessa «famiglia». Una riprova, se ce ne fosse ancora bisogno, dell'estrema «mobilità» di Calvino. Ed è perciò che la critica, con Calvino, deve continuamente aggiustare il proprio tiro, puntando il mirino su un bersaglio che, paradossalmente ma non tanto, non solo si sposta a destra, a sinistra, avanti e indietro, ma addirittura dà l'impressione, a volte, di essere fantasmatico.

FRANÇOIS WAHL, uno dei pochi critici della nuova scuola francese «che abbiano stabilito con Calvino un vero rapporto di collaborazione», a un certo punto dice che c'è una «logica» che governa ogni immagine di Calvino. Ma si affretta ad aggiungere: «... logica folle, logica che sviluppa imperturbabilmente un dato "possibile" fino alla più "impossibile" delle impossibilità». Per cui l'eroe di Calvino, estenuato, «non trova altra risorsa che nella pace dello sguardo...».

È un passo oscuro, inutile nascondercelo, ma per fortuna lo stesso Wahl ci invita a leggere *L'avventura di un poeta* (incluso nei *Racconti*) per verificare sul vivo della pagina scritta la sua teoria. Invito che estendiamo ai nostri lettori.

Ma forse la spiegazione di questa « logica folle » è stata colta nelle sue implicazioni sociologiche da GIORGIO PULLINI.[10] In sostanza, dice Pullini, è ancora la follia del dolore e della violenza, del trauma subíto da Calvino giovane che gli fa salire dal profondo una « immagine » che poi forma il nucleo primigenio di ogni suo componimento, breve e lungo che sia. Ma lo scrittore ligure non si lascia sopraffare dall'odio istintuale, cerca anzi di organizzarlo in un ordine in cui predomini la « pace dello sguardo ». « Questa violenza – scrive Pullini – che lo scrittore analizza negli uomini come espressione barbara di odio nella contingenza politica tra fascismo e vita partigiana » (Pullini si rifà alle prime esperienze narrative di Calvino), « appare anche come sostrato di quel paesaggio naturale cui lo stesso scrittore si lascia andare nei momenti di lirica distensione. Negli uomini egli legge riflesse quelle energie che sono in primo luogo alimentatrici della vita naturale e che negli uomini si configurano spesso con piú cieca tirannia, e, peggio, con malizia; come, d'altra parte, nella natura contempla quell'armoniosa pacificazione di cui sono suscettibili anche le coscienze umane, solo che si lascino andare al loro corso migliore. Degli uomini prende, dunque, il peggio e della natura il meglio, e li contrappone come due realtà opposte quand'esse hanno invece la stessa matrice: è l'antidoto illuminista fra storia e natura, società e ragione. » Schematizzando, è Rousseau che combatte contro la barbarie. Ma Calvino non è tanto ingenuo da credere che la natura di Rousseau sia avulsa dal contesto sociale, come una certa interpretazione del filosofo e scrittore francese potrebbe far supporre. Tanto è vero che anche quando Calvino retrocede al secolo dei Lumi,

[10] *Il romanzo italiano del dopoguerra*, Milano, Schwarz, 1961.

lo fa con un occhio solo: l'altro lo tiene ben fisso nel presente; sicché anche quando, ad esempio nella trilogia araldica dei *Nostri antenati*, sembra volere evadere in un mondo ormai imbalsamato, lo fa per trarne stimoli espressivi per una piú tagliente definizione della realtà a lui coeva.

« Dire che Calvino si è cosí staccato dal terreno delle battaglie vive e isolato in una specie di manierismo fantastico può essere un argomento sollecitante se si voglia ridurre la sua statura di scrittore a quella di un abile maneggiatore della penna, ma può risultare anche un'arma pericolosa e svisatrice della sua piú intima fedeltà ad una narrativa impegnata. » C'è impegno e impegno, afferma Pullini, come c'è favola e favola. E aggiunge acutamente: « Calvino ha sempre presente la condizione di vita dell'uomo contemporaneo e, quando sembra trascurare gli elementi contingenti del suo dramma, è perché tiene d'occhio gli aspetti essenziali del suo male di vivere; e, quando sembra volersi solo divertire, è perché sdegna di fare il serioso moralista e si compiace di attenuare il suono delle parole con variazioni di fantasia, che non ne corrodono, però, l'intimo significato esemplare ».

Ecco che Pullini ha colto le due facce di Calvino: quella ironica, distaccata, magari scettica che guarda il mondo dalla cima di un albero; e l'altra impegnata a frugare nelle intime fibre del suo male di vivere.

Per continuare nella metafora, appena una faccia prende il sopravvento sull'altra, Calvino si affretta a fare una smorfia, a girarsi, a mostrare quella che non si vede; e viceversa.

In effetti il pericolo del gioco non sempre è evitato, e, per noi, resta alla fine come il sospetto che il fare la spola tra l'impegno e il disimpegno sia l'unica, autentica « verità » di Calvino, e che in definitiva la dimensione della favola è il solo regno che egli si senta di abitare pienamente e felicemente, come un castellano un maniero fuori del tempo e dello spazio, stregato.

Conclude Pullini: « Abbiamo accennato a pregi e rischi dell'indirizzo favoloso dello scrittore, come ai rischi della sua narrativa realistica, e dell'ariosità che la favola ha introdotto in certo suo giovanile schematismo: ora la strada rimane aperta sul futuro della sua maturità e ci dirà se la favola è destinata a rimanere un punto di passaggio o il punto fermo del suo cammino narrativo ».

A stare a *Le Cosmicomiche* e a *Ti con zero*, sembra prevalere la seconda ipotesi.

Ma ci pare opportuno concludere con le stesse parole di GIANFRANCO CONTINI con cui praticamente abbiamo dato inizio alla nostra esplorazione (incompleta, parziale, naturalmente) dell'opera di Calvino. Come si rammenterà le parole di Gianfranco Contini sono queste: « Il rapporto con la realtà è rimasto critico e la problematica aperta ».

Per noi è un elogio « preterintenzionale ».

L'ultimo Calvino

Come era da prevedere, anche *Le città invisibili* hanno sconcertato la critica italiana. Per tanti aspetti il romanzo si ricollega alla poetica calviniana, soprattutto laddove prevale l'impianto favolistico, o meglio ancora l'apologo morale; ma per altri aspetti lo scrittore ligure ha per l'ennesima volta fatto per cosí dire uno sberleffo alle molte etichette che sono state incollate sulla sua opera. Sintomatico a questo proposito l'« incipit » dell'articolo recensorio di PIETRO CITATI (« Il Giorno », 6 dicembre 1972):

« Quale Italo Calvino, tra i molti Calvino che abbiamo conosciuto, tra i moltissimi che abbiamo intravisto o di cui abbiamo semplicemente supposto la possibilità, ha scritto le bellissime prose di *Le città invisibili*? Non è certo il giovane scrittore del *Sentiero dei nidi di ragno*, o delle favole morali: ma non è nemmeno il molteplice narratore dei *Racconti*, il grottesco congegnatore delle *Cosmicomiche* o l'elegante ed ispirato orologiaio di precisione di *Il castello dei destini incrociati*. Qualche volta, sfiorando queste prose cosí leggere e come cancellate, dubitiamo che Calvino non esista piú. Immaginiamo che sia scomparso dalla terra per stizza, indifferenza o mancanza di peso; e ora si nasconde dietro le quinte dell'aria, dalle quali contempla col cannocchiale la propria assenza tra noi. Ma poi, mille piccoli segni – un ritratto nell'angolo di una miniatura, un aggettivo, un gioco ritmico, un guizzo improvviso – ci rivelano un "rêveur" malinconico: un cinquantenne incerto, perplesso, inquieto, sottoposto alle minime suggestioni dell'atmosfera, turbato dalle mura della casa e dalle ombre del prato, tentato dalle combinazioni, dalle dissonanze, dalle contraddizioni, dai riflessi, dagli intrecci; padrone di un regno di ombre, dove si aggira per ritrovarsi e per perdersi ».

Il giudizio di Citati, espresso come sempre in una prosa altamente lirica, è perplesso: ammira l'abilità di Calvino ma nello stesso tempo ne fiuta l'artificio; si esalta alle « bellissime prose » ma ha tutta l'aria di dirci che valgono per se stesse. In definitiva, il giudizio di Citati mima la struttura e lo stile del romanzo di Calvino, ne segue tutte le serpentine tematiche, ma non sbocca in un centro, cioè non coglie, o non vuole cogliere il perno da cui si irradia tutto il resto. Il che, sia detto per inciso, è forse proprio quello cui aspirava lo stesso Calvino, sebbene noi, parlando di *Le città invisibili* abbiamo cercato o tentato di cercare di estrarre questo « perno ».

Perplesso si mostra anche GENO PAMPALONI (« Corriere della Sera », 26 novembre 1972). L'articolo che gli dedica comincia cosí: « Questo nuovo libro di Italo Calvino somiglia in primo luogo a un giuoco di magia ». Ma termina in modo imprevedibile: « Il favoloso Calvino è contemporaneo della civiltà dei computer ».

Come conciliare la magia con i computer? È un tentativo di « conciliazione », a livello di interpretazione, suggestivo, ma Geno Pampaloni, anziché farne un punto di partenza per ulteriori sviluppi esegetici, si limita a prendere atto, con una intuizione « in extremis », che il romanzo di Calvino è attraversato dalla « civiltà dei computer » (la formula è nostra). Abbiamo già detto nella sezione *Opere*, che, riferendosi alla qualità della prosa, Geno Pampaloni parla di « spericolato rondismo »; e abbiamo già detto che lo « spericolato rondismo » impedisce a Pampaloni di vedere ed esplicitare l'architettura del romanzo, che è la vera portatrice del significato. Il mancato approfondimento dell'architettura, ha inibito a Pampaloni, secondo il nostro parere, di collegare la « magia » con il « computer », sicché tutti i temi che egli rintraccia nel romanzo (e li evidenzia molto bene) rimangono come sospesi per aria, sono delle « micromolecole » esegetiche che fluttuano sotto gli occhi del critico, senza che egli sia in grado di sistemarle in un giudizio globale. Rivelatrici, a questo proposito, sono frasi come queste: « Roland Barthes (uno dei massimi strutturalisti francesi, n.d.r.) o qualcuno dei suoi amici potrebbe aver scritto queste raffinate simbologie ». Come a dire che il romanzo di Calvino è tutto « di testa ». E poi c'è questa frase, quasi a conclusione dell'articolo: « Qual è la nota distintiva che porta Calvino in questa favolosa cronistoria del caos? Ancora una volta, l'ordine, il rigore ». Non siamo d'accordo con nessuna delle due frasi prese a sé. Perché? Perché tra il caos e l'ordine, tra la « magia » (la fantasia) e lo strutturalismo alla Barthes (il rigore), Geno Pampaloni scorge una divaricazione inconciliabile, mentre, come abbiamo spiegato nella sezione dedicata ai *Temi*, la geometria della narrativa di Calvino è alimentata sotterraneamente dal disordine, dal caos. Non è che a Pampaloni sfugga questa doppia natura di Calvino, anzi la enuclea con perspicacia, però al critico rimane il sospetto, forse la certezza, che la « doppia natura » dia luogo, sul piano artistico, a un risultato monco. Però bisogna dargli atto che ha recensito il romanzo a « botta calda », quindi con tutte le inevitabili approssimazioni che comporta lo scrivere una recensione per un quotidiano. E non è detto, infine, che Geno Pampaloni non abbia ragione, giacché ogni gesto critico è una scommessa fatta con la posterità dei critici (e anche dei lettori, ovviamente).

Anche GUIDO PIOVENE (« La Stampa », 14 dicembre 1972) si sofferma a lungo sulle singole città descritte da Calvino, trascurandone i rapporti. Singolare è poi questo paragrafo, per le aperture interpretative che può offrire: « ... le città di Calvino sono simboli, di tipo oracolare. Non mi sembra che questi sogni svegli, miranti a diventare apologhi, siano da avvicinare a Borges, come qualcuno pensa. Borges è rarefatto, ma non è sibillino. Se mai, con questo libro, Calvino è entrato nel grande regno di Kafka, e non, come tanti altri, per somiglianze esterne. Kafka ha scritto superbi apologhi di cui nessuna chiave riesce a darci la decifrazione finale. Anche i suoi simboli ci affannano, ci travagliano, ma non riusciamo mai ad arrivarvi in fondo ».

Ci sentiamo di arrischiare un'affermazione: è vero che questo brano può condurre verso altre aperture interpretative, ma abbiamo il dubbio che queste « aperture », fatte con Kafka alla mano, ci condurrebbero contro un muro cieco; peggio: fuori strada, chissà dove. Il mondo di Calvino è talmente diverso da quello di Kafka, che non vediamo proprio come si possa, non diciamo inglobarli l'uno dentro l'altro, ma neanche appaiarli. Né ci convince l'accento che Piovene pone sul pessimismo di *Le città invisibili*: non dimentichiamo che il romanzo termina con una limpida dichiarazione di Marco Polo di eliminare l'inferno da questa società (o civiltà). È una dichiarazione di specie politica, e non soltanto una vaga aspirazione etica. L'epilogo, in un romanzo, getta una luce retrospettiva su tutto quanto si è narrato prima. Volente o nolente, Calvino ha riempito l'epilogo di una dose, breve ma densa, di ottimismo. E, aggiungiamo, di ottimismo marxista.

Perciò è sorprendente il giudizio sostanzialmente negativo di Vittorio Spinazzola («l'Unità», 14 dicembre 1972), il quale, tra l'altro, si trova in linea con Geno Pampaloni parlando di «prosa d'arte», e ancora una volta lasciando in disparte il problema dei rapporti che si instaurano tra le diverse città (vedi sempre il nostro capitolo dedicato a *Le città invisibili*). Certo, il marxismo di Calvino non è dogmatico, tutt'altro, non è «scientifico», però alcuni studiosi di valore hanno cominciato a capire che neanche Marx era totalmente «scientifico», essendoci in lui una robusta anche se occulta vena messianica. Vittorio Spinazzola parla inoltre di «disfatta della ragione». Sarebbe stato piú opportuno, e criticamente preciso, rinverdire il celebre aforisma morale (e politico) di Antonio Gramsci, laddove asserisce che occorre affrontare la vita con il «pessimismo della intelligenza e l'ottimismo della volontà».

Sostanzialmente positiva è la critica di Giacinto Spagnoletti («Il Messaggero», 3 gennaio 1973), di cui riportiamo il brano seguente: «Da una parte ritroviamo qui il fascino combinatorio di *Il castello dei destini incrociati*, paragonabile a quello dei romanzi cavallereschi coi loro eventi imprevedibili, ma tutti catalogabili in "funzioni", secondo una sagace interpretazione strutturalista. Se osserviamo alcuni di questi pannelli, delicati e coloriti come miniature, ci convinciamo facilmente che il personaggio-città che appare protagonista in alcuni, in altri è relegato a oggetto di contestazione, al limite della burla, mentre diventa in un altro momento il pretesto da cui parte una nuova ossessione fantastica.

La caratteristica dell'intreccio, insomma, ripetendo ad altro livello la caratteristica della metafora, consiste nella presenza contemporanea di diversi significati per ogni elemento dell'intreccio, in modo che nessuno di questi ne annulli l'altro, anche nel caso di completa contrapposizione ».

Spagnoletti dunque sottolinea i rapporti, i legami di attrazione e repulsione che uniscono ogni città all'altra, o ogni serie di città all'altra serie di città contrassegnata dalla stessa denominazione (la « memoria », il « desiderio », ecc. ecc.).

Altamente positiva, infine, e acuta, è l'interpretazione di WALTER PEDULLÀ (« Avanti! », 3 dicembre 1972) che rintraccia gli antecedenti culturali di *Le città invisibili* nel grande linguista Ferdinand de Saussure, nell'antropologo Claude Lévi-Strauss, nello psicanalista strutturalista Jacques Lacan e in altri, anche se su questi nomi calca un po' troppo la mano. Ma Pedullà colpisce il bersaglio allorché fa dell'impero di Kublai Kan in sfacelo, il simbolo di una civiltà (la nostra) anch'essa in sfacelo, in via di liquidazione, che tuttavia porta nel suo seno i germi di una nuova fioritura. Timidi e deboli germi, è vero, bisognosi di cure e di infinita attenzione, ma pur sempre germi in grado di spuntare dal mare delle macerie. Inoltre Pedullà (la cui critica è tutto sommato in chiave politica) fa giustamente notare che il romanzo di Calvino è nato dall'osservazione e dalla meditazione sulla realtà sociale di oggi: « Certo, prima di parlare la voce di Calvino è stata a sentire il discorso di cose che testimoniano di una situazione costretta o rassegnata a immobilità, ma tiene aperto l'orecchio a volontà e umori incongruenti e ribelli: che anche nella realtà, oltre che nella letteratura, possono sembrare il massimo consentito a dialettici ».

La pubblicazione di *Il castello dei destini incrociati* non ha suscitato presso la critica militante eccessivi entusiasmi, né eccessivi dinieghi. E anche i lettori, a quanto ci consta, non hanno risposto con la consueta generosità alla nuova proposta calviniana. Insomma sembra che il libro sia caduto in una specie di limbo culturale. Cosí proprio non è. È vero che se si misura la risonanza del libro col metro della popolarità, il risultato è deludente. Ma è altresí vero che il libro ha attirato la vivissima attenzione di critici di formazione accademica, e di scrittori interessati alle tecniche narrative, come l'americano John Barth.

Insomma *Il castello* è un'opera narrativa che, sotto la sua apparente semplicità, nasconde una forte carica di stimoli per gli « addetti ai lavori » (critici e romanzieri). Non a caso MARIA CORTI, che applica i metodi della semiologia nell'analisi delle opere letterarie, ha dedicato a *Il castello* un lungo saggio di carattere specialistico, cioè ha esaminato strutturalmente e semiologicamente i racconti che compongono il libro di Calvino e le leggi che presiedono alla loro combinatoria. (Il saggio è apparso sulla rivista « La battana », anno VIII, n. 26, 1971).

Piú che un giudizio di valore, la Corti emette un giudizio, per cosí dire, di composizione: « A livello dello strutturarsi dei racconti persiste in tutto il testo un'ambivalenza; cioè Calvino si diletta nel contempo di indagare il processo di genesi dei possibili modelli di intreccio e di prelevare e sviluppare alcuni precisi intrecci narrativi. Col che ci avvia a entrare nel laboratorio della creatività: un ingresso, dunque il nostro, provocato da uno scrittore e non da un puro semiologo, caso forse unico per ora nel dominio della narrativa, spiegabile in parte sul piano autobiografico con la frequentazione da parte dello scrittore italiano del gruppo di ricerca semiologica parigino (Greimas, Barthes, Todorov, ecc.) e in parte, su un piano piú generale, col travaglio di buona parte della letteratura contemporanea che, tesa a creare metaromanzi e metaracconti, a scomporre le tradizionali strutture narrative, ad anatomizzare le tematiche, sembra sulla via di produrre una nuova tipologia letteraria ».

Forse fu questo auspicio della Corti a indurre Calvino a scrivere *Le città invisibili* (come si sarà notato il saggio della Corti è del 1971: un anno dopo uscivano *Le città*). Non è raro, infatti, che un romanziere tragga l'ispirazione dalla lettura di un saggio, specie oggi in cui, come fa notare la Corti, gli scrittori lavorano in laboratorio anziché tuffarsi nella vita, come facevano ad esempio ai tempi del neorealismo. Una stagione è veramente tramontata per sempre: non sembra piú possibile raccontare in presa diretta: l'ossessione dello scrittore, di qualsiasi scrittore degno del nome, sono i meccanismi del linguaggio, e piú precisamente le modalità con cui il linguaggio si trasforma in racconto. Al limite non si tratta di raccontare alcunché, ma di raccontare il congegno che permette al materiale verbale di diventare narrazione. È questa l'aspirazione della avanguardia piú avanzata, che sfocia sovente in un coacervo incomprensibile di parole.

L'abilità, o meglio l'istinto e l'intelligenza di Calvino lo fermano sempre sulle soglie della pura astrazione. Anche se, come ne *Il castello*, egli è affascinato da un'idea astratta di letteratura, quello che alla fine prevale è il racconto, ovvero l'antica arte del narrare. Tuttavia si avverte ne *Il castello* un che di artificioso, di voluto, di perseguito a tutti i costi, e questo perché Calvino, come abbiamo tentato di dire nella sezione delle *Opere*, si era lasciato troppo contagiare dalle scoperte dei semiologi. Un'acuta recensione ci appare quella che ha dedicato al libro di Calvino il critico GIANCARLO PANDINI, che scrive tra l'altro: « Il mondo per Calvino è oggi vuoto, invisibile, un insieme di congetture senza significato, alle quali egli arriva per strade astratte, disimpegnate, attraverso una combinazione di differenze piuttosto che per la somma algebrica di verità, tragedie, sconfitte. Il risultato di una letteratura che si affida al gioco combinatorio, sia pure popolare o nato nel segno di un gioco collettivo com'è quello delle carte, non elude il disagio di una letteratura puramente formale, nata dal "calcolo" logico-matematico delle possibilità, della dimostrazione analitica, anche se di segno negativo: col risultato di una scrittura arrivata al nulla attraverso la proliferazione dei calcoli, dell'astrazione numerabile, appena vi sia una buona disponibilità alla numerazione ». («Uomini e libri», n. 47, 1974).

In sostanza Giancarlo Pandini afferma che lo scacco o il fallimento di *Il castello* sono dovuti alla frequentazione di Calvino del gruppo di ricerca semiologica parigino, di cui parlava la Corti, che però considerava positivamente tale frequentazione.

Severo con Calvino si dimostra anche PAOLO MILANO, che scrive («L'Espresso», 9 dicembre 1973): « Che cosa c'è dietro la "passione combinatoria" che oggi ispira e domina non pochi scrittori, la si manifesti in questa dei tarocchi o in altra forma? C'è l'idea che, se le sorti umane sono infinite, finito però è il numero di elementi che entrano a comporle, e ricorrente lo schema di certi eventi. Quel che è permanente (si crede) vale, e soprattutto significa, molto piú di ciò che varia. La letteratura degli schemi narrativi, dei giuochi di invenzione obbligata, delle sequenze e delle architetture è uno dei mille prodotti della nostra attuale "fuga dalla storia". In evidente difetto, e in cerca inconsapevole, del meno impermanente, se non proprio dell'eterno, lo scrittore ripiega sulle estetiche certezze del prestabilito e del fisso ».

Già, prestabilito e fisso. Sono due aggettivi che fanno a rissa con la poetica di Calvino, che semmai predilige l'« ignoto » e il « mobile ». Abbiamo il sospetto che, dubitando egli stesso della validità dell'operazione narrativa eseguita con *Il castello*, Calvino abbia voluto ugualmente darlo alle stampe in edizione piú popolare per saggiare la reazione dei critici e dei lettori. Anche con altre sue opere narrative Calvino si è comportato cosí, rivelando perciò una sostanziale insicurezza che fa onore allo scrittore, in quanto il dubbio è la fonte di ogni creatività, di ogni passo per un'ulteriore e piú spericolata ricerca nel dominio della propria arte. In altri termini, Calvino non è uno di quegli autori che ignora la critica, tutt'altro: il consenso o il diniego possono spronarlo come possono fermarlo sulla strada intrapresa onde imboccarne un'altra.

PIERO DALLAMANO (« Paese sera: Supplemento libri », 14 dicembre 1973) esordisce cosí nel suo articolo recensivo: « A dispetto delle apparenze che lo dipingono come uno squisito meccanismo di orologeria narrativa e perciò oggettuale e oggettivo quanto può esserlo un nido di cristalli di quarzo in una cavità della roccia, *Il castello dei destini incrociati* continua ad affascinarmi per le qualità che poco hanno a che spartire con la meccanica, cioè il sottile autobiografismo, il serpeggiare di un'inquietudine soggettiva, lirica che mi sembra di poter cogliere, qualche volta allo scoperto, nelle pagine di questo libro per tanti altri aspetti cosí siderale ».

La critica di Dallamano respinge volutamente il « prima » che c'è nell'operazione narrativa di Calvino, ovvero il piacere di accompagnare un testo figurato (il mazzo di tarocchi) con un testo scritto variamente intrecciato a seconda dell'intrecciarsi delle carte. A Dallamano piace la narrazione in sé: le carte stampate ai margini del libro lo infastidiscono. E conclude: « Sarò all'antica: trovo, tutto sommato, questo sussidio delle immagini alla lunga superfluo, un po' vincolante. Perché il gioco non è tanto gioco. Preso dal giro dei destini che si esplorano a vicenda, anche l'autore bussa al proprio destino; si interroga nella sorte, chiede alle stelle il perché e il percome del proprio affidarsi alle parole, alla pagina scritta. In sostanza, questo libro esplora, sí, una struttura, ma è quella della vita, non della letteratura. E in quanto l'autore è profondamente coinvolto in una ricerca in cui si determina il senso della propria vita, anche noi ci sentiamo coinvolti e partecipi: non in un gioco di carte in cui leggere vaticini un po' superflui, per un'epidermica curiosità; una ricerca piú a fondo, una chiave per capire come e perché viviamo ».

Come si vede, Dallamano ha eseguito una lettura critica di tipo esistenziale. In certo qual modo il critico ha gustato nel libro di Calvino l'incanto e il fascino della pura affabulazione. Quel fascino e quell'incanto che scaturiscono dalla notte dei tempi e che costituiscono una caratteristica dell'arte dello scrittore ligure. (Si ricorderà che abbiamo parlato di « timbro patriarcale ».)

Quasi sulla stessa linea di Dallamano, si trova la succinta ed elegante esegesi di GIOVANNI MARIOTTI (« Corriere della Sera », 16 dicembre 1973) il quale tra l'altro ha ricordato, molto a proposito, uno stupendo saggio di Walter Benjamin dedicato al grande narratore russo Nicola Leskov.[11] « Cosí » scrive Mariotti « giocando con muti tarocchi, Calvino svela la narrazione a se stessa, ne tocca il nocciolo, il ceppo, la radice: perché, chi perderebbe tempo ad ascoltare storie false se esse non avessero eco in lui, se non illuminassero lacerti della sua vita, propaggini sfuggenti di sogni e paure? Chi

---

[11] *Angelus Novus*, pp. 235-260, Torino, Einaudi, 1962.

indugerebbe in labirinti di tarocchi e di storie se essi in qualche modo non prefigurassero e promettessero un mondo totalmente reversibile, polisensico, sottratto a ogni potere, a cominciare da quelli del discorso? »

Meno lirico e abbandonato di Dallamano e di Mariotti si dimostra PIETRO CIMATTI che non si lascia affascinare dal fascino (si passi il bisticcio) che si sprigiona dalle pagine di *Il castello*. La testimonianza critica di Cimatti è tanto piú significativa in quanto il critico ha seguito Calvino, con partecipe interesse, fin quasi dagli esordi. « Il gioco di prestigio, la lucida e delirante magia di queste storie immaginarie, potrebbero durare all'infinito, tra le chiose e gli ammiccamenti di un Calvino mai cosí esposto, con tutta la sua lucidità, sulla notte del capriccio e della follia. L'avventura stregonesca dei tarocchi sembra infatti aver spinto Calvino, furbo "scoiattolo della penna", oltre l'ironia che sinora ha tutelato la sua evasione nel fantastico, ai limiti di quella "poetica della via di mezzo" che gli è stata addebitata. Il linguaggio scaltro e forbito trema, s'incrina, si ricompone, e ricristallizza con difficoltà e quasi con nostalgia dell'"altro" oscuro e torbido a cui non vuol concedere spazio ». (« Il Messaggero », 15 gennaio 1974).

Praticamente Cimatti rimprovera a Calvino di avere messo la sua fantasia al servizio del gioco combinatorio, col risultato di avere conseguito una narrazione inficiata di furbizia e di volontarismo cerebrale. Ma questo rimprovero se l'è già fatto Calvino stesso nella *Nota* che chiude il suo libro.

Ancora una volta lo scrittore ligure è stato tentato contemporaneamente dalla passione geometrica e dalla passione affabulatrice di tipo per cosí dire selvaggio (il lato « oscuro e torbido » di cui parla Cimatti). Quando queste due passioni coincidono, si hanno splendidi risultati; quando divaricano, si hanno racconti « di testa » come è appunto, secondo noi, *Il castello*. Insomma Calvino è sempre « aperto », nel senso che ha dato a questo termine Gianfranco Contini. Ed è sempre « aperto » in quanto lo scrittore ligure è strenuamente impegnato a razionalizzare il caos, a domare con la ragione il lato « oscuro e torbido della vita ». È questo l'unico pregio che Vittorio Spinazzola riconosce a *Il castello*: « ... Calvino è rimasto fedele alla nitidezza di uno stile cartesianamente chiaro e distinto: e non si tratta, com'è ovvio, di una risorsa soltanto letteraria. La circostanza è importante, specie in un periodo in cui molti scrittori inclinano ai moduli eccitati e isterici di una visceralità irrazionalista. L'"impasse" di Calvino deriva proprio dalla frizione fra le spinte di una logica tendente a un'aridità aristocratica di giochi formali, e il sormontare di uno scetticismo che cerca invano di costituirsi una motivazione didascalica, se non moralistica. Resta a suo vantaggio il senso acuto del pericolo di cadere nell'angoscia nullistica, nuova veste dell'accademismo arcadico, più o meno tinteggiato di oltranzismo apocalittico o di sperimentazione informale. In questo senso *Il castello dei destini incrociati*, nella sua costruzione elaboratamente ingegnosa e nei risvolti di smarrimento e inserti autocritici, può rappresentare una autentica tappa liberatoria lungo un itinerario di scelte ancora da giocare ». (« l'Unità », 9 gennaio 1974).

Quasi tutte positive le critiche a *Se una notte d'inverno un viaggiatore*. Ma non totalmente positive. Anche nelle recensioni dove alto suona il consenso, si avverte una nota di riserva, di dubbio, di malcelata insoddisfazione. È questo, del resto, il destino critico di Calvino, come abbiamo già visto in precedenza. Significativo, ci pare, il giudizio di un teorico della neoavanguardia, Renato Barilli, il quale, dopo avere messo in evidenza i debiti che Calvino ha con scrittori come Roussel, Borges e Robbe-Grillet (quest'ultimo, autore di un « tipo di testo che si dà a proliferare come macchina impazzita, sfornando storie a ripetizione, l'una incapsulata dentro l'altra »), scrive (« Il Giorno », 22 giugno 1979): « E proprio rispetto a questo vistoso precedente, i giudizi sull'opera di Calvino dovranno oscillare fra due soluzioni alterne. Per un verso, si potrebbe dire che, di questa problematica tesa e complessa egli ci ha dato una versione "all'italiana", cioè più semplificata, più piana e alla buona: tutto scoperto, tutto dichiarato, senza la tensione intellettuale che c'è nel francese » [cioè in Robbe-Grillet]; « e col rischio di cadere effettivamente, seppur per scommessa, nella perfetta simulazione del romanzo naturale. Ma questi eventuali limiti potrebbero essere rovesciati in pregi, e proprio perché l'impasto, qui, è fruibile in ogni momento, perché scatta di tanto in tanto il miracolo della storia che scorre via, perfin troppo rapida. In fondo, Calvino sta a dimostrare che la via di un romanzo al plurale, fatto di tante voci, non è solo un mostro dell'intelligenza, ma riesce a trovare spessore, a esistere malgrado tutto: natura e artificio perfettamente riconciliati ».

Il che costituisce una bella ammissione di compromesso avanguardistico, da parte di un critico che ha sempre teorizzato l'artificio estremo come mezzo per uscire dalla narrativa naturalistica.

PIETRO CITATI, invece, sembrerebbe ammirare in Calvino le qualità che sono di Citati stesso: « L'abilità del ventriloquo (scrive nel "Corriere della Sera" del 22 giugno 1979), il talento mimetico, il virtuosismo variegato, con cui Calvino fa il verso al narratore giapponese, a se stesso, agli epigoni di Borges e di Kafka, all'ignoto narratore secentesco sono straordinari; e basterebbero a indicare l'altissima qualità letteraria di questo libro. Il suo genio manieristico non aveva mai toccato questi culmini. Ma sarebbe sbagliato credere che il *Viag-*

giatore sia una mistificazione. L'atteggiamento di Calvino verso la mistificazione letteraria è duplice: egli la accetta, la sfrutta e, insieme, la rifiuta. Esalta la simulazione, e la parodizza e la condanna ».

Sulla difficoltà del romanzo di Calvino e sulla sua sostanziale ambivalenza, dice parole illuminanti LORENZO MONDO (« La Stampa », 30 giugno 1979): « Libro difficile da raccontare questo di Calvino, e poi assai piacevole, divertito e ironico, contro i suoi stessi vezzi. È anche, nella cornice, un ingegnoso e un po' macchinoso *tour de force*: come ogni romanzo mimato rimanda all'altro che lo vanifica, cosí personaggi e situazioni sono in strettissima connessione, anche se propendono a frantumarsi per correre l'alea di sempre rinnovate congiunzioni e disgiunzioni. Libro di suprema ambiguità, confessione ritrosa e calcolatissima di un turbamento intellettuale e morale, sembra delegare per scaramanzia al lettore o, piú galantemente, alla lettrice ingenua, libera, non convenzionale, le sorti del romanzo, il suo salvataggio ».

Nel giudizio di Lorenzo Mondo si coglie quel consenso con riserva di cui parlavamo piú sopra. Ma ci pare che Lorenzo Mondo abbia centrato in pieno lo spirito del romanzo, quando dice che esso è affidato alla libera scelta della Lettrice, cioè alla disponibilità della Lettrice a salvare oppure condannare il libro. E proprio questo si era proposto Calvino (fra tanti altri propositi, si capisce).

La critica di GENO PAMPALONI (« Il Giornale Nuovo », 6 luglio 1979) è quella che secondo noi mette senza mezzi termini il dito sulla parte piú insoddisfacente del romanzo: « Devo tuttavia confessare che molte pagine della "cornice" mi lasciano insoddisfatto. Il Lettore, quando da Figura ideale si fa personaggio, è piuttosto scipito. Le sue disavventure editoriali... come pure gli intrighi sudamericani con polizie e contropolizie, la caccia agli originali e agli apocrifi, i travestimenti e le metamorfosi della Lettrice e della sua terribile sorella, mi sembrano un teatrino modesto a confronto con l'ambizione di darci una rappresentazione di Babele. D'altra parte il libro nel suo complesso coinvolge e talora eccita a'l'entusiasmo, tanto radicata si sente, al di là del suo scintillio, la tensione e vorrei dire la serietà del suo gioco intellettuale. (Un'impressione simile provavo nelle prime letture di Bontempelli, il nome italiano di piú certo riferimento per Calvino) ».

La tensione e la serietà riscontrate da Geno Pampaloni, sono anche sottolineate da VITTORIO SPINAZZOLA (« l'Unità », 22 luglio 1979) ma in termini per cosí dire piú ideologizzati, insomma in ordine alla alienazione sociale: « Pur nella diversità di sfondi e di temi d'intreccio, il protagonista è sempre un uomo che versa in uno stato d'incertezza ansiosa; una trama lo sovrasta, una concatenazione di fatti che egli può anche aver contribuito a determinare ma di cui gli sfugge il controllo. Ci si attende da lui il superamento di una prova ai suoi stessi occhi importante; ma sono altri ad agire, ad agire in suo luogo ».

Infine GIOVANNI RABONI (« Tuttolibri », 30 giugno 1979) ha ribadito un aspetto importantissimo della personalità e della narrativa di Calvino, troppo spesso incapsulate sotto il segno di una estrema, quasi programmatica razionalità e geometria compositiva. Scrive: « Il rilievo sul quale, per concludere, vorrei tornare ad insistere è il singolare calore che si sprigiona dalla "freddezza" delle sue determinazioni, il singolare amore per la verità che si annida nel suo vertiginoso sistema di falsificazioni e di smentite, la singolare semplicità che presiede alle sue impossibili, allucinanti geometrie. In questo senso direi che Calvino ci dà qui la piú bella dimostrazione del fatto che si può mutare di segno (mettiamo, tanto per intenderci, da negativo a positivo) il ricchissimo strumentario delle piú audaci avanguardie sperimentali, senza perdere un grammo dell'energia insita nei loro programmi di eversione ».

Come conclusione provvisoria, noi diciamo che Calvino resta fedele alle sue « favole », anche quando sembra irriderle con lo scetticismo della ragione.

Da Palomar alla posterità

All'uscita di *Palomar* la critica non solo è perplessa, ma anche sconcertata. Si tratta di un romanzo, o comunque di un'opera narrativa, o di un altro genere di scrittura? GENO PAMPALONI, nella sua recensione, sistema subito il libro nello « scaffale dei libri di religione ». E prosegue: « Il nome di Dio vi è accuratamente evitato; e anche "le esperienze di tipo speculativo, riguardanti il cosmo, il tempo, l'infinito, i rapporti tra l'io e il mondo, le dimensioni della mente" che ne costituiscono buona parte, si collocano in una dimensione atea (atea piú che laica); ma proprio per questo il tema profondo, o se si vuole il problema insoluto e incombente, è di tipo religioso: l'assenza di Dio, lo scacco metafisico ». (« Il Giornale nuovo », 22 dicembre 1983).

Anche per LORENZO MONDO, *Palomar* si muove in un'area ai confini della religiosità piena: « Fioriscono, spesso nella clausola del capitolo, massime e regole di comportamento che arrivano a un soffio dalla confessione... Diviso tra pulsioni scientifiche e pulsioni filosofiche, sfiora vertigini pascaliane... » (« La Stampa-Tuttolibri », 10 dicembre 1983).

PIETRO CITATI cerca di riassumere, attraverso il messaggio di *Palomar*, tutto l'atteggiamento estetico e morale di Calvino negli ultimi anni: « Il sentimento fondamentale di questo libro, e forse di tutto l'ultimo

Calvino, è la perplessità: una perplessità cosí radicale e metafisica, che gli impedisce di avere un sentimento, di condividere un'idea, di scorgere la forma di un oggetto, di constatare semplicemente: "questa cosa c'è", "questa sensazione è mia", "io esisto". Qualsiasi parola del libro emana questa corrodente perplessità, questa paurosa incertezza». («Corriere della Sera», 11 dicembre 1983).

Per GOFFREDO FOFI la perplessità di Calvino è un atteggiamento quasi positivo: «Questa fredda dichiarazione di bancarotta (fredda in quanto Calvino esplicita fin troppo una sua qualche aridità e inappetenza nei confronti della vita), questa totale sfiducia nei modelli logici e nelle aspirazioni a un cambiamento (sociale, personale), questo pessimismo senza scampo non possono essere irrisi. Sentiamo che, pur nella diversità di caratteri, atteggiamenti, filosofie, tuttavia ci riguardano, e che sono il risultato di un'interrogazione non narcisistica, come tante di questi ultimi anni». («Il Tempo illustrato», n. 3, febbraio 1984).

Quasi totalmente d'accordo col libro è ALFREDO GIULIANI: «Nella fragile ma tenace allegoria di *Palomar* credo che Calvino abbia trovato un modo leggero di intrecciare, quasi rendendole invisibili, le sue pulsioni razionaliste e favolistiche. E la sua prosa ha raggiunto una trasparenza di superficie spesso incantevole, che lascia appena indovinare gli inferni del sottosuolo». («La Repubblica», 9 dicembre 1983).

E veniamo al volume postumo *Sotto il sole giaguaro*, sottolineando che nessun critico (salvo errore), ne ha messo in evidenza la precipitosità editoriale. La critica è, in generale, positiva, e solo vi traspare il rimpianto che Calvino non abbia potuto dedicare agli altri sensi (la vista e il tatto) i racconti del suo progetto complessivo. Scrive VITTORIO SPINAZZOLA («L'Unità», 27 giugno 1986): «Nel passare a rassegna imaginosamente le nostre risorse sensoriali, che la civilizzazione affina e rischia di illanguidire, Calvino vuol riscoprire le spinte biopsichiche elementari del nostro comportamento. Sempre, l'io gli appare soggetto a una tensione vitale, a una volontà di realizzarsi negli altri e sugli altri, che la nostra costituzione corporea consente di soddisfare solo come autopunizione, capovolgendo la festa in lutto. Il pessimismo calviniano non dà scampo. La ragione non serve che a dare conto della sconfitta ».

Ma forse anche questa è una conclusione provvisoria, o almeno imperfetta. I numerosi convegni che sono stati dedicati a Calvino « post mortem » dimostrano quello che di lui disse Gianfranco Contini, e che ci pare opportuno ripetere: « Il rapporto con la realtà è rimasto critico e la problematica aperta ». E, aggiungiamo noi, non si chiuderà che alla fine definitiva della letteratura. E della vita terrestre.

V

NOTA BIBLIOGRAFICA

Libri

CECCHI EMILIO, *Di giorno in giorno*, Mondadori, Milano 1954.
VOLPINI VALERIO, *Prosa e narrativa dei contemporanei*, Universale Studium, Tivoli 1957.
RUSSO LUIGI, *I narratori*, Principato, Milano 1958.
Ritratti su misura, a cura di Elio Filippo Accrocca, Sodalizio del Libro, Venezia 1960.
BÀRBERI SQUAROTTI GIORGIO, *Poesia e narrativa del secondo Novecento*, Mursia, Milano 1978[4].
PULLINI GIORGIO, *Il romanzo italiano del dopoguerra*, Schwarz, Milano 1961.
La generazione degli anni difficili, a cura di Ettore A. Albertoni, Ezio Antonini e Renato Palmieri, Laterza, Bari 1962.
BARILLI RENATO, *La barriera del naturalismo*, Mursia, Milano 1980[3].
GUGLIELMI ANGELO, *Avanguardia e sperimentalismo*, Feltrinelli, Milano 1964.
MONELLI PAOLO, *Scrittori al girarrosto*, Mondadori, Milano 1964.
BÀRBERI SQUAROTTI GIORGIO, *La narrativa italiana del dopoguerra*, Cappelli, Bologna 1965.
Vent'anni d'impazienza: antologia della narrativa italiana dal 1946 ad oggi, a cura di Angelo Guglielmi, Feltrinelli, Milano 1965.
MANACORDA GIULIANO, *Storia della letteratura italiana contemporanea (1940-1965)*, Editori Riuniti, Roma 1967.
PESCIO BOTTINO GERMANA, *Italo Calvino*, La Nuova Italia, Firenze 1967.

VARESE CLAUDIO, *Occasioni e valori della letteratura contemporanea*, Cappelli, Bologna 1967.
CONTINI GIANFRANCO, *Letteratura dell'Italia Unita (1861-1968)*, Sansoni, Firenze 1968.
FERRETTI GIAN CARLO, *La letteratura del rifiuto*, Mursia, Milano 1968.
GUGLIELMI ANGELO, *Il vero e il falso*, Feltrinelli, Milano 1968.
GARBOLI CESARE, *La stanza separata*, Mondadori, Milano 1969.
GOLINO ENZO, *Cultura e mutamento sociale*, Edizioni di Comunità, Milano 1969.
Storia della Letteratura Italiana: Il Novecento, a cura di Emilio Cecchi e Natalino Sapegno, Garzanti, Milano 1969.
PEDULLÀ WALTER, *La rivoluzione della letteratura*, Ennesse Editrice, Roma 1970.
I metodi attuali della critica in Italia, a cura di Maria Corti e Cesare Segre, ERI, Torino 1970.
ARBASINO ALBERTO, *Sessanta posizioni*, Feltrinelli, Milano 1971.
PULLINI GIORGIO, *Volti e risvolti del romanzo italiano contemporaneo*, Mursia, Milano 1974².
CITATI PIETRO, *Il tè del Cappellaio matto*, Mondadori, Milano 1972.
MANACORDA GIULIANO, *Vent'anni di pazienza*, La Nuova Italia, Firenze 1972.
BERNARDINI NAPOLETANO FRANCESCA, *I segni nuovi di Italo Calvino*, Bulzoni, Roma 1977.
CORTI MARIA. *Il viaggio testuale*, Einaudi, Torino 1978.
CALLIGARIS CONTARDO, *Italo Calvino*, Mursia, Milano 1985².
FERRUCCI CARLO, *La letteratura dell'utopia*, Mursia, Milano 1984.
SPRIANO PAOLO, *Le passioni di un decennio - 1946/1956*, Garzanti, Milano 1986.
RUBEO UGO, *Mal d'America*, Editori riuniti, Roma 1987.
AA.VV., *Calvino. Atti del convegno internazionale*, a cura di Giovanni Falaschi, Garzanti, Milano 1988.
Italo Calvino. La letteratura, la scienza, la città, a cura di Giorgio Bertone, Marietti, Genova 1988.
BARONI GIORGIO, *Italo Calvino*, Le Monnier, Firenze 1988.
BENUSSI CRISTINA, *Introduzione a Calvino*, Laterza, Bari 1989.
FERRETTI GIAN CARLO, *Le capre di Bikini*, Editori Riuniti, Roma 1989.
MILANINI CLAUDIO, *L'utopia discontinua. Saggio su Italo Calvino*, Garzanti, Milano 1990.

Riviste

VARESE CLAUDIO, « Nuova Antologia », n. 2, maggio 1948.
VARESE CLAUDIO, « Nuova Antologia », n. 8, agosto 1948.
PAMPALONI GENO, « Comunità », settembre-ottobre 1949.
BO CARLO, « La Fiera Letteraria », 23 maggio 1952.
CECCHI EMILIO, « L'Illustrazione italiana », n. 8, 1957.
CROCE CRAVERI ELENA, « Tempo presente », n. 8, agosto 1957.
MELE ANGELO, « Nostro tempo », n. 8, agosto 1957.
VOLPINI VALERIO, « La città di vita », n. 1-2, 1958.
ASOR ROSA ALBERTO, « Mondo operaio », n. 3-4, 1958.
CASES CESARE, « Città aperta », n. 7-8, 1958.
SOCRATE MARIO, « Italia domani », n. 12, 1958.
ZOLLA ELÉMIRE, « Tempo presente », n. 12, dicembre 1958.
CITATI PIETRO, « L'Illustrazione italiana », n. 1, gennaio 1959.
GUIDOTTI MARIO, « Costume », n. 1, gennaio 1959.
CITATI PIETRO, « Il Punto », n. 2, febbraio 1959.
PAOLINI ALCIDE, « Situazione », n. 5, maggio 1959, Udine.
VIRDIA FERDINANDO, « La Fiera Letteraria », 21 dicembre 1959.
VIRDIA FERDINANDO, « La Fiera Letteraria », 3 gennaio 1960.
PESCIO BOTTINO GERMANA, « Diogene », n. 2, febbraio 1960.
ADDAMO SEBASTIANO, « Il Ponte », n. 3, febbraio 1960.
VARESE CLAUDIO, « Nuova Antologia », n. 8, agosto 1960.
WAHL FRANÇOIS, « La Revue de Paris », n. 11, Parigi 1960.
CASTAGNOTTO UGO, « Sigma », n. 4, dicembre 1960.
BARILLI RENATO, « Il Mulino », n. 90, 1962.
BOSELLI MARIO, « Nuova Corrente », n. 28-29, 1963.
VARESE CLAUDIO, « Nuova Antologia », n. 5, maggio 1963.
GUGLIELMI ANGELO, « Il Menabò », n. 6, settembre 1963.
DE MICHELIS CESARE, « Prisma », n. 1, gennaio-febbraio 1967.
ANNONI CARLO, « Vita e pensiero », n. 12, dicembre 1968.
FALASCHI GIOVANNI, « Belfagor », n. 3, luglio 1971.
ALMANSI G., « Paragone - Letteratura », n. 268, agosto 1971.
CORTI MARIA, « La battana », n. 26, 1971.
FALASCHI GIOVANNI, « Belfagor », n. 5, settembre 1972.
CASES CESARE, « Quaderni piacentini », n. 50, luglio 1973.
PADINI GIANCARLO, « Uomini e libri », n. 47, gennaio-febbraio 1974.
CALVINO ITALO, « Rendiconti », n. 22-23, aprile 1971.
CANNON JOANN, « Forum Italicum », n. 2, estate 1978.
GUGLIELMI ANGELO, « Alfabeta », n. 6, ottobre 1979.
CALVINO ITALO, « Alfabeta », n. 8, dicembre 1979.
BRINK ANDRÉ, « Lettera internazionale », n. 4-5, giugno 1985.

Corti Maria, « Autografo », n. 6, ottobre 1985.
Scaramucci Ines, « Il ragguaglio librario », n. 9, settembre 1986.
Carena Carlo, « Jesus », Anno X, novembre 1988.
Garboli Cesare, « L'Indice », n. 10, dicembre 1988.
Barilli Renato, « Alfabeta », n. 114, dicembre 1988.
Scaramucci Ines, « Il ragguaglio librario », n. 10, 1989.

Quotidiani e periodici

Pavese Cesare, « l'Unità », 26 ottobre 1947.
Antonicelli Franco, « La Stampa », 31 maggio 1952.
Bocelli Arnaldo, « Il Mondo », 19 ottobre 1954.
Pampaloni Geno, « L'Espresso ». 7 luglio 1957.
Bo Carlo, « l'Europeo », 18 agosto 1957.
Spagnoletti Giacinto, « Corrispondenza socialista », 8 settembre 1957.
Salinari Carlo, « Vie Nuove », 27 dicembre 1958.
Rago Michele, « l'Unità », 17 gennaio 1959.
Vicari Giambattista, « Settimana Incom », 7 gennaio 1960.
Milano Paolo, « L'Espresso », 10 gennaio 1960.
Gramigna Giuliano, « Settimo giorno », 21 gennaio 1960.
Rago Michele, « l'Unità », 13 agosto 1960.
Ferretti Gian Carlo, « l'Unità », 1 novembre 1964.
Barberis Alfredo, « Il Giorno », 22 dicembre 1965.
Ferrata Giansiro, « Rinascita », 22 gennaio 1966.
Citati Pietro, « Il Giorno ». 22 novembre 1967.
Gramigna Giuliano, « Corriere della Sera », 23 novembre 1972.
Dallamano Piero, « Paese Sera - Supplemento libri », 24 novembre 1972.
Pampaloni Geno, « Corriere della Sera », 26 novembre 1972.
Pedullà Walter, « Avanti! », 3 dicembre 1972.
Citati Pietro, « Il Giorno », 6 dicembre 1972.
Piovene Guido, « La Stampa », 14 dicembre 1972.
Spinazzola Vittorio, « l'Unità », 14 dicembre 1972.
Gramigna Giuliano, « Il Giorno », 20 dicembre 1972.
Milano Paolo, « L'Espresso », 24 dicembre 1972.
Spagnoletti Giacinto, « Il Messaggero », 3 gennaio 1973.
Siciliano Enzo, « Il Mondo », 11 gennaio 1973.
Milano Paolo, « L'Espresso », 9 dicembre 1973.
Dallamano Piero, « Paese Sera », 14 dicembre 1973.
Mariotti Giovanni, « Corriere della Sera », 16 dicembre 1973.

PEDULLÀ WALTER, «Avanti!», 6 gennaio 1974.
SPINAZZOLA VITTORIO, «L'Unità», 9 gennaio 1974.
CIMATTI PIETRO, «Il Messaggero», 15 gennaio 1974.
GIULIANI ALFREDO, «La Repubblica», 19 giugno 1979.
CITATI PIETRO, «Corriere della sera», 22 giugno 1979.
BARILLI RENATO, «Il Giorno», 23 giugno 1979.
MARABINI CLAUDIO, «Il Resto del Carlino», 23 giugno 1979.
MAURO WALTER, «Il Popolo», 30 giugno 1979.
MONDO LORENZO, «La Stampa», 30 giugno 1979.
RABONI GIOVANNI, «Tuttolibri», 30 giugno 1979.
PORZIO DOMENICO «Panorama», 2 luglio 1979.
PAMPALONI GENO, «Il Giornale Nuovo», 6 luglio 1979.
MILANO PAOLO, «L'Espresso», 8 luglio 1979.
BALDACCI LUIGI, «Il Gazzettino», 13 luglio 1979.
GENNARI SANDRO, «Il Messaggero», 15 luglio 1979.
PEDULLÀ WALTER, «Avanti!», 15 luglio 1979.
SALVEMINI FRANCESCA, «Lotta Continua», 19 luglio 1979.
SPINAZZOLA VITTORIO, «l'Unità», 22 luglio 1979.
SPINELLA MARIO, «Rinascita», 27 luglio 1979.
PARIS RENZO, «Il Manifesto», 5 agosto 1979.
GIANFRANCESCHI FAUSTO, «Il Tempo», 10 agosto 1979.
PRISCO MICHELE, «Oggi», 10 agosto 1979.
TORNABUONI LIETTA, «La Stampa», 12 gennaio 1980.
BIANUCCI PIERO, «La Gazzetta del Popolo», 18 aprile 1980.
CITATI PIETRO, «Corriere della sera», 8 maggio 1980.
GIULIANI ALFREDO, «La Repubblica», 14 maggio 1980.
PACE MARIA LUIGIA, «Panorama», 30 luglio 1980.
PETRONI FRANCO, «Il Messaggero», 22 agosto 1980.
GIULIANI ALFREDO, «La Repubblica», 19 novembre 1983.
RABONI GIOVANNI, «La Stampa - Tuttolibri», 10 dicembre 1983.
CITATI PIETRO, «Corriere della Sera», 11 dicembre 1983.
PAMPALONI GENO, «Il Giornale nuovo», 22 dicembre 1983.
MILANO PAOLO, «L'Espresso», 8 gennaio 1984.
CROVI RAFFAELE, «Il Giorno», 9 gennaio 1984.
PORZIO DOMENICO, «Panorama», 16 gennaio 1984.
MINORE RENATO, «Il Messaggero», 17 gennaio 1984.
PORTA ANTONIO, «il manifesto», 28 febbraio 1984.
MALERBA LUIGI, «La Repubblica», 25 novembre 1984.
RABONI GIOVANNI, «La Stampa - Tuttolibri», 22 dicembre 1984.
CAMON FERDINANDO, «Il Giorno», 20 settembre 1985.
CITATI PIETRO, «Corriere della Sera», 20 settembre 1985.
EINAUDI GIULIO, «il manifesto», 20 settembre 1985.
CELATI GIANNI, «il manifesto», 20 settembre 1985.

Spinazzola Vittorio, « L'Unità », 20 settembre 1985.
Cecchi Ottavio, « L'Unità », 20 settembre 1985.
Borges Jorge Luis, « L'Unità », 20 settembre 1985.
Minore Renato, « Il Messaggero », 20 settembre 1985.
Pampaloni Geno, « Il Giornale nuovo », 20 settembre 1985.
Arpino Giovanni, « Il Giornale nuovo », 20 settembre 1985.
Pedullà Walter, « Avanti! », 20 settembre 1985.
Mondo Lorenzo, « La Stampa », 20 settembre 1985.
Levi Primo, « La Stampa », 20 settembre 1985.
Corti Maria, « La Repubblica », 20 settembre 1985.
Scalfari Eugenio, « La Repubblica », 20 settembre 1985.
Giuliani Alfredo, « La Repubblica », 20 settembre 1985.
Eco Umberto, « La Repubblica », 20 settembre 1985.
Asor Rosa Alberto, « La Repubblica », 20 settembre 1985.
Pivano Fernanda, « Corriere della Sera », 23 settembre 1985.
Fortini Franco, « L'Espresso », 29 settembre 1985.
Asor Rosa Alberto, « La Repubblica », 1 dicembre 1985.
Camon Ferdinando, « Il Giorno », 13 giugno 1986.
Citati Pietro, « Corriere della Sera », 17 giugno 1986.
Arbasino Alberto, « La Repubblica », 19 giugno 1986.
Spinazzola Vittorio, « L'Unità », 27 giugno 1986.
Tabucchi Antonio, « L'Espresso », 17 agosto 1986.
Cesari Severino, « il Manifesto », 11 settembre 1986.
Capecchi Giancarlo, « Il Tempo », 19 settembre 1986.
Arbasino Alberto, « La Repubblica », 1 marzo 1988.
Scalfari Eugenio, « La Repubblica », 2 giugno 1988.
Cecchi Ottavio, « l'Unità », 4 giugno 1988.
Citati Pietro, « Corriere della Sera », 4 giugno 1988.
Asor Rosa Alberto, « La Repubblica », 10 giugno 1988.
Pampaloni Geno, « Il Giornale nuovo », 17 giugno 1988.
Moravia Alberto, « Corriere della Sera », 19 giugno 1988.
Malerba Luigi, « La Repubblica », 5 novembre 1988.
Giuliani Alfredo, « La Repubblica », 24 maggio 1990.
Garboli Cesare, « Panorama », 27 maggio 1990.
Pampaloni Geno, « Il Giornale nuovo », 3 giugno 1990.
Siciliano Enzo, « Corriere della Sera », 7 giugno 1990.
Guglielmi Angelo, « La Stampa-Tuttolibri », 9 giugno 1990.
Baldacci Luigi, « L'Europeo », 26-30 giugno 1990.
Debenedetti Antonio, « Corriere della Sera », 2 febbraio 1991.
Di Stefano Paolo, « La Repubblica », 10 maggio 1991.
Ferrero Ernesto, « L'Espresso », 19 maggio 1991.
Mondo Lorenzo, « La Stampa-Tuttolibri », 10 novembre 1991.
Brevini Franco, « Corriere della Sera », 26 dicembre 1991.
Roscioni Gian Carlo, « La Repubblica », 5 gennaio 1992.

INDICE DEI NOMI

Adorno Theodor Wiesegrund, 145.
Alvaro Corrado, 5, 9, 10, 12.
Amenhotep IV (faraone d'Egitto), 81.
Andropov Yuri, 16.
Aragon Louis, 11.
Arbasino Alberto, 10.
Ariosto Ludovico, 151, 157, 174, 175.
Arpino Giovanni, 10, 15, 17.
Asturias Miguel Ángel, 11.

Babel Isaac Emmanuilovič, 151.
Babeuf Gracchus, 51.
Bacchelli Riccardo, 17.
Balbo Felice, 27, 28.
Ballard, 45.
Balzac Honoré de, 63, 81, 156, 166.
Banti Anna (*pseudonimo di* Lucia Lopresti), 57.
Bàrberi Squarotti Giorgio, 169, 170, 171.
Barberis Alfredo, 81.
Barilli Renato, 163, 164, 167, 178, 193.
Barth John, 187.
Barthes Roland, 15, 111, 183, 187.
Bassani Giorgio, 7, 13, 15, 62.

Batista y Zaldivar Fulgencio, 10.
Beauvoir Simone de, 8, 10, 11.
Beckett Samuel, 9, 167.
Bellow Saul, 12.
Bembo Bonifacio, 93.
Benjamin Walter, 94, 191.
Berlinguer Enrico, 16.
Bernari Carlo (*pseudonimo di* Carlo Bernard), 8, 12, 13.
Besana Giacomoni Silvia, 87.
Bianciardi Luciano, 13.
Bioy-Casares Adolfo, 151.
Böll Heinrich, 13.
Bontempelli Massimo, 157.
Bonura Giuseppe, 16.
Borges Jorge Luis, 11, 40, 83, 86, 151, 184, 193, 194.
Bosch Hieronymus (*pseudonimo di* Hieronymus van Aeken), 150.
Bougainville Louis-Antoine de, 176.
Bradbury Ray, 45.
Brancati Vitaliano, 7, 8.
Brecht Bertolt, 7, 9, 90, 91, 92, 94, 141, 171.
Breznev Leonid, 16.
Brignetti Raffaello, 13.
Brown Norman O., 86, 87.
Bruegel Pieter il Vecchio, 150.
Bruno Giordano, 47.

INDICE DEI NOMI

Buccheri Francesco, 128.
Butor Michel, 9, 11, 40.
Buzzati Dino, 6, 127.

Calvino Abigail, 44.
Calvino Esther, 118.
Campanella Tommaso, 140.
Camus Albert, 6, 7, 9, 11.
Cancogni Manlio, 16.
Capozzo Rosalba, 129.
Carlomagno (imperatore del Sacro Romano Impero), 80.
Cases Cesare, 149, 172.
Casini Paolo, 131.
Cassola Carlo, 7, 8, 9, 12, 17.
Castro Fidel, 10.
Cecchi Emilio, 29, 72.
Čechov Anton Pavlovič, 38.
Cernienko Konstantin, 16.
Cesare Caio Giulio, 81.
Chaplin Charlie Spencer, 79.
Chiara Piero, 17.
Chiaromonte Nicola, 132.
Cicognani Bruno, 13.
Cimatti Pietro, 192.
Citati Pietro, 16, 79, 138, 164, 165, 166, 167, 181, 182, 194, 197.
Clarke Arthur C., 45.
Comisso Giovanni, 10, 12.
Conrad Joseph (*pseudonimo di* Teodor Józef Konrad Korzeniowski), 6, 23, 24, 127, 151.
Contini Gianfranco, 17, 19, 181, 191, 199.
Cortàzar Julio, 151.
Corti Maria, 116, 172, 187, 188, 189.
Cossiga Francesco, 17.
Cotticelli Vincenzo, 129.
Craxi Bettino, 16.
Croce Benedetto, 8, 174.
Crovi Raffaele, 17, 45.

D'Alembert Jean-Baptiste Le Rond, 131.

Dallamano Piero, 190, 191, 192.
D'Annunzio Gabriele, 20.
Daudet Alphonse, 150.
De Filippo Eduardo, 16.
De Foe Daniel, 34.
Dessí Giuseppe, 13.
Dickens Charles, 157.
Diderot Denis, 131.
Dumas Alexandre, padre, 95.

Eco Umberto, 161.
Elisabetta II (regina d'Inghilterra), 7.
Eluard Paul (*pseudonimo di* Eugène Grindel), 7, 8.
Elytis Odysseus, 15.

Fallaci Oriana, 18.
Faruk (re d'Egitto), 7.
Faulkner William, 5, 9.
Fenoglio Beppe, 7, 10, 42.
Fermi Enrico, 8.
Ferretti Gian Carlo, 160, 161.
Fitzgerald Francis Scott, 6.
Flaiano Ennio, 13.
Flaubert Gustave, 20, 100, 101, 166.
Fofi Goffredo, 198.
Fortini Franco (*pseudonimo di* Franco Lattes), 8, 10, 12.
Fourier Charles, 13, 46, 101.
Francalanci Susanna, 128.
Freud Sigmund, 5.
Fromm Erich, 15.

Gadda Carlo Emilio, 6, 9, 11, 14.
Gandhi Indira, 16.
Garboli Cesare, 158, 159.
Gariboldi Stefano, 128.
Gide André, 7.
Ginzburg Natalia, 7.
Giovanni XXIII (papa), 11.
Giuliani Alfredo, 11, 98, 198.
Giustiniano (imperatore d'Oriente), 81.

INDICE DEI NOMI

Golding William, 16.
Gorbaciov Michail, 16, 17.
Goytisolo José Agustin, 10.
Gramigna Giuliano, 9.
Gramsci Antonio, 6, 9, 185.
Greimas, 181.
Guglielmi Angelo, 11, 14, 161, 162, 163, 177, 178.

Heisenberg Werner Karl, 19.
Hemingway Ernest, 5, 8, 22, 151.
Hitler Adolf, 5, 6.
Hofmann Werner, 51.
Horkheimer Max, 155.
Husserl Edmund, 131, 132, 133, 140.

Jiménez Juan Ramón, 9.

Kafka Franz, 132, 184, 194.
Kennedy John Fitzgerald, 10, 11.
Kerény Károly, 99.
Kipling Joseph Rudyard, 6, 23, 51, 151.
Kohl Elmut, 17.
Kruscev Nikita Serghejevic, 8.
Kublai Kan, 83, 84, 186.

Lacan Jacques, 86, 186.
La Hontan Louis Armand de, 176.
Landolfi Tommaso, 13, 15.
Lautréamont (*pseudonimo di* Isidore Ducasse), 137.
Le Corbusier (*pseudonimo di* Charles - Édouard Janneret), 10.
Leopardi Giacomo, 82.
Leskov Nicola, 191.
Levi Carlo, 6, 8, 10.
Levi Primo, 11, 14.
Lévi-Strauss Claude, 8, 86, 186.
Lisi Nicola, 12.
London Jack, 127.

Longhi Roberto, 32.
Lukács György, 32, 72.
Luzi Mario, 16.

Machiavelli Niccolò, 37.
Madruzza Olga, 128.
Majakovskij Vladimir Vladimirovič, 5.
Malerba Luigi, 14.
Mallarmé Stéphan, 101.
Malraux André, 76.
Manerba Mino, 26.
Manganelli Giorgio, 14, 17, 116.
Mann Thomas, 7.
Manzini Gianna, 13.
Manzoni Alessandro, 14, 76, 78, 127.
Maraini Dacia, 18.
Marcuse Herbert, 15, 40, 51, 74, 145, 146, 147.
Mariotti Giovanni, 191, 192.
Marshall George, 7.
Marx Karl, 39, 146, 185.
Maupassant Guy de, 150, 166.
Mauriac François, 8.
Metastasio Pietro, 37.
Miccinesi Mario, 12.
Milano Paolo, 189.
Milosz Czeslaw, 15.
Mondo Lorenzo, 195, 197.
Mondrian Piet Cornelis, 150.
Monelli Paolo, 23.
Montale Eugenio, 18.
Montesanto Gino, 18.
Montessori Maria, 8.
Monti Vincenzo, 37.
Morante Elsa, 9, 11, 17.
Moravia Alberto (*pseudonimo di* Alberto Pincherle), 5, 7, 8, 9, 12, 13, 14, 76.
Moretti Marino, 15.
Muscetta Carlo, 26.
Musil Robert, 6.
Mussolini Benito, 6, 59.

Napoleone I (imperatore dei Francesi), 73.
Natta Alessandro, 16.
Nietzsche Friedrich Wilhelm, 43, 172.
Nievo Ippolito, 6, 156, 173.
Nixon Richard, 14.

Ocampo Silvina, 14.
Ortese Anna Maria, 10, 12.

Pagliarani Elio, 14.
Palazzeschi Aldo (*pseudonimo di* Aldo Giurlani), 6, 12, 13, 158.
Pampaloni Geno, 88, 89, 157, 158, 159, 182, 183, 184, 185, 195, 196, 197.
Pandini Giancarlo, 188, 189.
Paolini Alcide, 168, 169.
Parini Sergio, 128.
Parise Goffredo, 12.
Parravicini Elisabetta, 129.
Parri Ferruccio, 6.
Pasolini Pier Paolo, 9, 10, 32.
Pasternak Boris Leonidovič, 10, 11.
Pavese Cesare, 7, 10, 20, 25, 26, 29, 65, 66, 133, 151, 155, 156, 157, 174.
Pedullà Walter, 14, 186.
Pescio Bottino Germana, 66, 74.
Picasso Pablo, 9.
Pintor Giaime, 35.
Piovene Guido, 12, 184.
Pizzuto Antonio, 10, 11.
Polo Marco, 83, 84, 85, 88, 185.
Pomilio Mario, 16, 17, 18.
Pompeo Gneo, 81.
Pound Ezra, 13.
Pratolini Vasco, 6, 7, 8, 9, 10, 11, 12, 32, 178.
Propp Vladimir Jakovlevič, 51, 91, 138, 139.

Proust Marcel, 76.
Pullini Giorgio, 179, 180, 181.

Quasimodo Salvatore, 7, 10, 11.
Queneau Raymond, 13, 44.

Raboni Giovanni, 196.
Reagan Donald, 16, 17.
Rago Michele, 176, 177.
Rea Domenico, 7, 10.
Ricci Franco Maria, 90.
Robbe-Grillet Alain, 40, 98, 106, 107, 167, 193, 194.
Rondine Paola, 129.
Rousseau Jean-Jacques, 48, 50, 79, 179.
Roussel Raymond, 193.

Saba Umberto, 6.
Saint-John Perse (*pseudonimo di* Alexis Saint-Léger Léger), 11.
Salinari Carlo, 8.
Sanguineti Edoardo, 11, 16, 164.
Saragat Giuseppe, 17.
Sarraute Nathalie, 9.
Sartre Jean-Paul, 6, 7, 15.
Saussure Ferdinand de, 86, 186.
Scalfari Eugenio, 47.
Scheckley Robert, 45.
Sciascia Leonardo, 8, 11, 14.
Segre Cesare, 172.
Sejfert Jaroslav, 16.
Sgorlon Carlo, 16.
Siad Barre Mohammad, 18.
Silone Ignazio (*pseudonimo di* Secondo Tranquilli), 6, 7, 12.
Simon Claude, 10.
Soldati Mario, 16.
Spagnoletti Giacinto, 185, 186.
Spinazzola Vittorio, 185, 193, 196, 198.

Stendhal (*pseudonimo di* Henri Beyle), 34, 48, 166.
Stevenson Robert Louis, 6, 23, 73, 127, 141, 157.
Sue Eugène, 95.
Svevo Italo (*pseudonimo di* Ettore Schmitz), 5.
Swift Jonathan, 127.

Tambroni Armaroli Fernando, 10.
Testori Giovanni, 17.
Tobino Mario, 16.
Todorov Petko Jurdanov, 187.
Tofano Sergio, 78.
Toffetti Juri, 129.
Tomasi di Lampedusa Giuseppe, 9.
Trombadori Antonio, 8.

Ungaretti Giuseppe, 6, 11.

Valéry Paul, 106.

Varese Claudio, 52.
Vassalli Sebastiano, 17.
Venturi Marcello, 24.
Vincenti Fiora, 12, 14.
Vittorini Elio; 6, 9, 13, 25, 26, 27, 28, 29, 36, 38, 54, 63, 136, 138, 151, 171.
Vittorio Emanuele III (re d'Italia), 6.
Volponi Paolo, 12, 14, 17, 18.
Voltaire (*pseudonimo di* François-Marie Arouet), 35, 48, 174.

Wahl François, 178.
White Patrick, 14.
Woolf Virginia, 8.

Zanzotto Sandro, 14.
Zavattini Cesare, 14.
Zdanov Andrej, 32.
Zola Emile, 101, 150, 166.
Zolla Elémire, 167, 168, 169.

INDICE DELLE OPERE DI CALVINO *

Adamo, 165.
Amori (gli) difficili, 27, 149.
Andata al comando, 54-55.
Avanguardisti (gli) a Mentone, 58.
Avventura (l') di due sposi, 67, 149.
Avventura (l') di un poeta, 67, 149, 178.
Avventura (l') di un soldato, 67.

Barone (il) rampante, 9, 10, 35, 36, 39, 45, 47, 61, 70, 73, 129, 144, 151, 162, 163, 166, 172, 173, 174, 175.
Bastimento (un) pieno di granchi, 165.
Bel (un) gioco dura poco, 57, 142.
Bosco (il) degli animali, 57, 153.

Castello (il) dei destini incrociati, 13, 14, 89-95, 182, 183, 187, 188, 189, 190, 191, 192, 193.
Cavaliere (il) inesistente, 10, 34, 71, 74, 75, 81, 144.

Città (le) invisibili, 13, 83-89, 90, 114, 116, 119, 182, 183, 184, 185, 186, 188.
Collezione di sabbia, 6, 111-114.
Conte (il) di Montecristo, 83, 152.
Cosmicomiche (le), 12, 44, 80-81, 119, 127, 133, 150, 152, 159, 181, 182.
Cosmicomiche vecchie e nuove, 16, 17.

Entrata (l') in guerra, 8, 30, 58-60, 66.

Fiabe italiane, 8, 18, 30, 31, 32, 60-61, 166.
Fleurs (les) bleues (traduzione), 13, 44.
Formica (la) argentina, 7, 36, 67, 68, 142, 167, 168, 176.

Generazione (la) degli anni difficili, 40.
Giardino (il) incantato, 57, 142.
Giornata (la) d'uno scrutatore, 11, 41, 47, 75-78, 109, 115, 127, 140, 141, 167, 170.

* Per comodità del lettore oltre che alle opere si rinvia anche ai singoli racconti analizzati in questo volume.

Giovani (i) del Po, 36, 65-66.

Lezioni americane. Sei proposte per il prossimo millennio, 17, 118-120.

Libri (i) degli altri, 18.

Marcovaldo ovvero La stagioni in città, 11, 41, 66, 78-79, 123, 124, 125, 126, 128, 147.
Mare (il) dell'oggettività, 38, 113, 158.
Midollo (il) del leone, 32, 35, 38, 102, 135.

Nostri (i) antenati, 10, 17, 36, 58, 61, 69-75, 80, 127, 128, 134, 153, 170, 176, 180.
Notti (le) dell'UNPA, 58.
Nuvola (la) di smog, 9, 36, 67, 68, 140, 167, 168, 176.

Palomar, 16, 104-110, 115.
Perché leggere i classici, 18.
Pietra (una) sopra, 15, 100-104, 108, 111, 113, 197, 198.
Pomeriggio (un), 167.
Prefazione a *Tarocchi*, 43.
Priscilla, 83.

Quanto scommettiamo, 81.

Racconti (i), 9, 36, 47, 57, 66-69, 153, 163, 168, 178, 182.

Re (un) in ascolto, 115.
Romanzi e racconti, 18.

Segno (un) nello spazio, 81.
Sentiero (il) dei nidi di ragno, 6, 17, 20, 22, 26, 27, 28, 42, 47, 49-54, 55, 57, 81, 119, 133, 135, 136, 138, 152, 155, 160, 172, 174, 175, 182.
Se una notte d'inverno un viaggiatore, 14, 95-100, 127, 193.
Sfida (la) al labirinto, 38, 40, 113, 161.
Sotto il sole giaguaro, 17, 114-117, 198.
Speculazione (la) edilizia, 9, 35, 61-65, 128, 142, 153, 163, 176.
Spirale (la), 82.
Strada (la) di San Giovanni, 17.
Sulla fiaba, 17, 121-123.

Taverna (la) dei destini incrociati, 90, 93.
Ti con zero, 12, 17, 44, 80-83, 133, 150, 152, 159, 164, 181.

Ultimo viene il corvo, 7, 28, 54-58, 66, 119, 165.

Visconte (il) dimezzato, 7, 10, 29, 30, 36, 37, 58, 69, 72, 129, 137, 139, 140, 166, 172.

INDICE GENERALE

CRONOLOGIA	5
I. LA VITA	19
Gli anni della natura « scientifica »	19
Tra Pavese e Vittorini	25
Gli idoli polemici	36
Tra gli alberi di Parigi	41
Roma, i viaggi, la morte	47
II. LE OPERE	49
Il sentiero dei nidi di ragno	49
Ultimo viene il corvo	54
L'entrata in guerra	58
Fiabe italiane	60
La speculazione edilizia	61
I giovani del Po	65
I racconti	66
I nostri antenati	69
La giornata d'uno scrutatore	75
Marcovaldo	78
Le Cosmicomiche - Ti con zero	80
Le città invisibili	83
Il castello dei destini incrociati	89
Se una notte d'inverno un viaggiatore	95
Una pietra sopra	100
Palomar	104

	Collezioni di sabbia	111
	Sotto il sole giaguaro	114
	Lezioni americane	117
	Sulla fiaba	121
	Calvino e i ragazzi	123
III.	TEMI E MOTIVI	131
	Violenza e trauma	131
	In nome dell'uomo	136
	La poetica della menomazione . . .	138
	La regressione strategica	144
	Il pathos della distanza	148
	Il timbro patriarcale	150
IV.	LA CRITICA	155
	La ragione della fantasia	155
	Sotto il fuoco ambiguo della neoavanguardia	161
	I cauti difensori	164
	L'angoscia della deformazione . . .	168
	La comunità infida	172
	L'ultimo Calvino	181
	Da Palomar alla posterità	197
V.	NOTA BIBLIOGRAFICA	201
Indice dei nomi		207
Indice delle opere di Calvino		213